Keiler, Bassen, Hosenflicker

Saujagd-Erlebnisse aus über
100 Jahrgängen WILD UND HUND

Wild und Hund Treue-Edition, Band 5

Herausgeber: Horst Reetz
Herstellung: Erwin Meuer
Reihentitelgestaltung: Jürgen Meyer, Hamburg
Druck: Serwis Grupa Koprowscy, Krakau
2. Auflage
ISBN 3-89715-548-6

Titelbild: Gestellt.
Nach einem Ölgemälde von Frhr. v. Stenglin

Wild und Hund

Treue-Edition

Band 5

PAUL PAREY
ZEITSCHRIFTENVERLAG

Inhalt

Vorwort

Sauen – für die meisten Jäger ein Zauberwort, das Emotionen weckt und ursprüngliche Jagdpraxis atmet. Die Erlegung starker Keiler, episodenreiche Pürschen, Ansitze und Drückjagden, spannende Nachsuchen und auch gefährliche Begegnungen mit annehmenden Sauen werden in den Berichten gegenwärtig.

Dieses fünfte Bändchen der Treue-Edition von WILD UND HUND lässt uns teilhaben an einer Vielfalt von Geschichten rund um die Schwarzwildjagd, ausgewählt aus über hundert Jahrgängen des seit 1894 erscheinenden Jagdmagazins WILD UND HUND.

Von den Zeitschriften gleich welcher Art, die 1894 schon herauskamen, ist nur WILD UND HUND übrig geblieben, und dies sogar als längst erfolgreicher Marktführer im Bereich der Jagdpresse. Ein Aussenseiter im Zeitschriftenwesen auf der Interessenschiene „Wild, Jagdhund und Waidwerk“ vom 19. bis 22. Jahrhundert. Kein Wunder, dass heutige Leser anregten, aufschlussreiche und unterhaltsame Veröffentlichungen aus den nun 110 Jahren des Bestehens der Zeitschrift für diese kleine Buchreihe „Treue-Edition“ auszuwählen. Sie ist gewidmet den langjährigen Lesern und Autoren, von denen nicht wenige seit über einem halben Jahrhundert dieser Zeitschrift besonders verbunden sind, als Dankeszeichen für ihre Treue und Mitwirkung – und nicht selten die ihrer Vorfahren! Zugleich mögen die Beiträge für viele jüngere Leserinnen und Leser unterhaltsam, lehrreich und mitunter auch jagdhistorisch interessant sein.

Die ersten vier Ausgaben zu den Themen Rehwildjagd, Wilderei, Jägeroriginale und Jagdhund fanden soviel Anklang, dass nun Teil fünf „Keiler, Bassen, Hosenflicker“ erscheint. Im Vordergrund steht natürlich wieder die Jagdpraxis, illustriert von Zeichnungen namhafter Jagdmaler, die in diesen 110 Jahren fast alle zu den langjährigen Mitarbeitern der Zeitschrift gehörten.

Horst Reetz
WILD UND HUND

Das Kreisen vor über 100 Jahren

Von Königl. Oberförster Kr.

Dunkle Wolken überziehen nach und nach den Himmel, der Wind, welcher zuvor so schneidend und kalt aus Osten pfiff, ist nach Westen herumgegangen und heulte nun durch die Schluchten und Thäler, als sei dort die wilde Jagd losgelassen. Seit langer Zeit schon hat die Jägerei sehnsüchtig auf die „Neue" gewartet, so daß sich die Freude erklären läßt, welche der Förster empfindet, als er die ersten Flocken wirbeln sieht. Jetzt, gegen Abend, legt sich der Wind, den einzelnen kleinen Flocken folgen jetzt unzählige weitere, welche im tollen Tanze lautlos und allmählich der Erde zuschweben. Eine weiße Decke überzieht schon den Rasen im Garten, und die dunklen Tannen erscheinen wie mit Mehl bestreut. Kurz vor dem Schlafengehen tritt der alte Weidmann wieder unter die Thüre, und schmunzelt so recht zufrieden, als die Flocken noch immer ihr munteres Spiel weiter treiben.

Früh am anderen Morgen zeigt sich schon Leben in der einsamen Försterei, denn es könnte heute bereits der erste Kreisgang sein, für welchen vom Oberförster die genauesten Weisungen an alle Untergebenen erteilt sind. Trübe und dunkel erscheint aber noch der Himmel und sendet neue Schneemassen herab, obwohl bereits eine Schicht von mehr als Handhöhe den Boden überdeckt. Zunächst ist jetzt nicht an Spüren zu denken, wodurch auch kein großer Ausfall entsteht, denn es hält sich das Wild, wie man weiß, am ersten Schneetage gern im schützenden Dickicht. Trotz des tollen Schneegestöbers wird zwar noch eine Tour in den Wald gemacht, um im

Vorübergehen im nächsten Orte mit den Kollegen Rücksprache zu nehmen für den Kreisgang am folgenden Morgen. Gern nehmen wir hierzu eine Einladung an, denn wir wissen aus Erfahrung, daß solche Gänge bei einer guten Neuen für den Jäger viel Belehrung bringen, da man sich hierbei über die Anzahl und den Stand des Wildes so genau informieren kann.

Früh am anderen Morgen, als noch volle Dunkelheit über den Gassen und Häusern lagert, sind wir schon mit der Büchsflinte ausgerüstet und reichlich mit Mundvorrat versehen auf dem Wege zur Försterei, um mit dem alten erprobten Weidmann den Gang zum Kreisen gemeinsam zu machen. Gegen Mitternacht hat das Schneien aufgehört, nachdem eine Decke von fast 1 Fuß Höhe alles überlagert hat. Als wir auf der Straße dahinschreiten, sind wir der erste, welcher heute diese Richtung einschlägt, so daß sich die weite Schneefläche noch unberührt vor unsern Blicken ausbreitet. Lautlos dringen wir darin vor, ohne daß die lockern Massen beim Gehen Schwierigkeiten bereiten. Wie ein dunkler Streifen erscheint jetzt vor uns das ausgedehnte Forstrevier, dem wir entgegenschreiten. Ein heller Lichtschein leuchtet uns aus dem uns so wohl bekannten Wohnzimmer des Försters entgegen, welches wir bald mit fröhlichem Weidmannsgruß betreten. Ganz allmählich wird es nun in Hof und Garten helle, denn die lichten Streifen im Osten zeigen schon das Aufgehen der Sonne, die sich aber noch immer hinter dichtem Gewölke versteckt hält.

Kaum zügeln wir unsere Jagdpassion, bis auch unter dem Schatten der düstern Tannen das Tageslicht so weit vorgedrungen ist, daß man dort deutlich jeden Gegenstand erkennen kann. Sofort nach dem Heraustreten aus dem Gehöft treffen wir schon eine Fuchsspur, welche uns zeigt, daß dieser rote Räuber von der Wittrung des Hühnerhofes angelockt in der nächsten Nähe vorüber geschnürt ist und wohl nur durch die Hunde von unliebsamem Besuche zurückgehalten wurde. Auch einige Hasen haben die im Garten zurückgelassenen Kohlköpfe besucht, da die Hecke zahlreiche Lücken bietet zum Durchschlüpfen. Unser Weg führt uns durch junge Nadelholzdickichte, in denen die Rehe Schutz gegen die rauhen Winde gesucht haben, sodaß wir jetzt Fährten auf Schritt und Tritt finden von starken Sprüngen, welche hier auf Aesung waren, um von den grünen Brombeerblättern zu naschen.

Ein Fuchs ist auf dem Wege entlang geschnürt, und es erscheint die Spur so frisch, daß wir scharf Umschau halten, bis wir mit Hilfe unseres Glases im lichten Stangenorte den roten Freibeuter erkennen, welcher vorsichtig schleichend einen Hasen im Lager zu überlisten sucht. Der schwache Wind aber rettet hier den letzteren, denn noch rechtzeitig verrät den schleichenden Räuber seine starke Wittrung, und ohne langes Besinnen fährt der Hase pfeilschnell aus dem warmen Lager, dem Fuchse das Nachsehen lassend.

Eine scharf eingeschnittene Mulde, in der ein Bach rauscht, muß jetzt von uns durchschritten werden, und hier erkennen wir auch schon von weitem auf dem wohlbekannten Wechsel eine Schleife durch den lockeren Schnee, als sei dort eine größere Anzahl von Menschen vorübergegangen. Im moorigen Grunde ist auch gebrochen, wie man an den frischen Erdschollen sieht, welche sich so dunkel von der weißen Decke abheben. Bei näherer Untersuchung erkennen wir die Fährten von einer starken Rotte grober Sauen, welche hier in der Richtung nach einem größeren Tannendickicht durchgewechselt sind. Vorsichtig werden die Fährten verstrichen, damit man auch am folgenden Tage spüren kann, selbst wenn kein neuer Schnee hinzukommt. Die einzelne Fährte eines starken Keiles finden wir noch, der bereits seit Jahren auf dem Reviere bekannt ist und als mürrischer Einzelgänger durch seine Schlauheit die Jägerei gar häufig irre führte.

Auf einer sanften Anhöhe, wo, wie wir wissen, verschiedene Wege zusammenkommen, sehen wir schon von weitem den hellen Dampf eines mächtigen Feuers, welcher sich seinen Weg durch das dunkele, unter der Last des Schnees tief gebeugte Geäst der Tannen sucht. Eine größere Anzahl von Kreisern ist dort bereits versammelt, und als im leichten Schlitten der Jagdleiter erscheint, werden die verschiedenen Berichte sorglich zusammengestellt. Eine stärkere Rotte ist im Fichtendickicht bestätigt, wo undurchdringliche Horste von Schwarzdorn ruhige Schlupfwinkel bieten. Einige Jagdgäste haben sich noch dem Forstpersonal zugesellt, sodaß es nicht an der nötigen Zahl von Schützen fehlen wird, um den großen Trieb gut zu besetzen. Die nötigen Anordnungen sind nun bald getroffen, welche vor allem dahin lauten, daß sich die Jäger möglichst geräuschlos auf ihre Posten begeben, während die Treiber warten, bis sie das Signal zum Beginn der Jagd vernehmen. Uns wird das Glück zuteil, den Einwechsel zu besetzen, wo, wie die Erfahrung lehrt, die beunruhigten Sauen immer gern wieder ausbrechen.

Vor einer einzeln stehenden starken Eiche nehmen wir unseren Stand, vor uns das Dickicht, in welchem die kleinen Tannen unter der Last des Schnees fast zu Boden gedrückt sind. Hinter uns dehnt sich ein weiteres Stangenhoz aus, von einzelnen starken Eichen überragt, mit sanfter Neigung bis zum nahen Bergrücken, wo eine Kiefernschonung auf der Südseite anschließt. Die übrigen Schützen sind weiter vorgegangen, und so stehen wir allein auf unserem Wechsel, die Büchse schußfertig in den Händen. Tiefe Stille umgibt uns, nur einige Meisen hüpfen vor uns, und ein Specht läuft geschäftig am Stamme einer Eiche hinauf.

Jetzt ertönt das Signal zu Beginn des Triebes, worauf hin, wie wir wissen, der zuverlässige Saufinder vom Riemen gelöst wird. Voller Spannung lauschen wir auf jedes Geräusch und hören deutlich das langsame Vordringen der Treiber im Dickicht. Ein Fuchs schnürt dicht an unserem Stande vorüber, ohne daß wir ihm dieses Mal Beachtung schenken, denn es ist die Parole ausgegeben, daß in diesem Triebe nur auf Sauen geschossen werden darf. Jetzt vernehmen wir die uns so wohlbekannte Stimme des Hundes, welcher Standlaut giebt und die Rotte im Kessel verbellt. Das Anhetzen der übrigen Meute erfolgt jetzt von verschiedenen Seiten, strahlenförmig eilen die losgekoppelten Hunde diesem Platze entgegen, um dort ihren Genossen zu unterstützen. Genau können wir an den verschiedenen Stimmen verfol-

Beim Einkreisen. (Zeichnung von G. Löbenberg)

gen, wie ein Hund nach dem anderen auf dem Kampfplatze eintrifft, um auch seinerseits einzugreifen.

Lange hält die Rotte diesem wütenden Gekläff und den von allen Seiten auf sie eindringenden Angreifern nicht Stand, um so weniger, als der Ruf der Treiber immer näher und näher kommt. Einzelne Stücke lösen sich vom Rudel los, gehen flüchtig ab und werden nun von lebhaft und laut jagenden Hunden verfolgt. Diese Jagden gehen meist den Berg herunter, da es den flüchtenden Sauen, von den Hunden gedrängt, bei dem starken Schneeanhange schwer wird, die Wechsel nach der Höhe zu zu halten. Jetzt fällt schon der erste Schuß, während immer noch einzelne Hunde die zurückgebliebenen Sauen am Kessel verbellen. Bei der Annäherung der Treiber werden aber auch diese letzten Stücke rege und gehen, von der Meute verfolgt, ab, sich aber hin und wieder im Dickicht von den kleinen Hunden stellen lassend, bis diesen die Treiber zu Hilfe kommen.

Schuß auf Schuß fällt jetzt unten im Thale, einzelne Hunde jagen über den Trieb hinaus, das Horn ruft sie zurück und tiefe Ruhe lagert wieder über dem Dickicht, nur unterbrochen von einzelnen Rufen der Treiber, welche, ihrer Weisung entsprechend, unbekümmert um die Hunde den Trieb in der vorgeschriebenen Weise beendigen sollen. Plötzlich fällt vor uns von einer unter der Last zu Boden gedrückten Tanne der Schnee, so daß diese in die Höhe schnellt und sich wieder gerade aufrichtet. Fester fassen wir jetzt die Büchse, denn auch der Schrei eines Nußhähers aus gleicher Richtung belehrt uns darüber, daß sich etwas Ungewöhnliches dort im Dickicht bewegt.

Bei scharfem Beobachten erkennen wir auch auf dem schmalen in das Dickicht führenden Wechsel einen dunklen Gegenstand, welcher sich vorsichtig dem Rande nähert. Zwar ist die gestochene Büchse schon im Anschlage, aber es läßt sich kein sicherer Schuß anbringen, da das vorsichtig heranschleichende Schwein nur in den Umrissen zu erkennen ist und das Blatt nicht freigiebt. Voller Spannung warten wir auf einen günstigen Moment, bis endlich, auf einer kleinen Lichtung, die vordere Hälfte des starken Schweines deutlich zu erkennen ist, und in dem gleichen Augenblicke schon berührt der Finger den Stecher. Einer Wolke gleich wirbelt der Schnee auf, mit mächtiger Flucht fährt der Keiler durch das dichte Gestrüpp, giebt sich dabei wiederum eine Blöße, so daß wir auch den zweiten Schuß noch anbringen können.

Gespannt lauschten wir dem Geräusch der Fluchten, bis auch dieses verstummt und wir nun schnell wieder ladend von neuem ruhig auf unserm Platze verharren. Nach beendetem Triebe rufen wir einige Treiber heran, welche schon einen der Hunde eingefangen und aufgekoppelt haben. Wie wir erwarteten, lagen auf dem Anschusse reichlich Borsten, und nach wenigen Fluchten begann der Getroffene beiderseits bedeutend zu schweißen. Stark legt sich der Hund in den Riemen, und nachdem wir ihn gelöst haben, geht er laut jagend ab. Nach kurzer Zeit schon giebt derselbe Standlaut, und als wir vorsichtig heranschleichen, finden wir den Keiler bereits verendet. Mit dem frischen Bruch am Hute eilen wir jetzt zum Sammelplatze, um dort zu erfahren, inwieweit auch die übrigen Schützen vom Weidmannsheil begünstigt wurden. Von verschiedenen Seiten werden Sauen herbeigeschleift, um hier gestreckt und sofort aufgebrochen zu werden. Nach den Berichten der Schützen brachen aber auch zwei Sauen krank geschossen und schweißend durch, welche einzukreisen sofort einige erfahrene Förster beauftragt werden.

Vor Beginn des Treibens. (Zeichnung von W. Arnold)

Während dieser Pause wird nun das Frühstück hervorgeholt, welches nach den gehabten Anstrengungen in der frischen, klaren Winterluft vortrefflich mundet. Die Erlebnisse der letzten Stunde bilden das Hauptgesprächsthema, wobei es auch nicht an schlechten Witzen über diejenigen fehlt, welche heute zwar geschossen, aber nichts geliefert haben. Nach den Erzählungen dieser Schützen lag die Schuld bei diesem Mißgeschick stets an ungünstigen Zufällen, denn das Eingeständnis, in der Erregung und im Jagdfieber übereilt geschossen zu haben, vernimmt man, wie wir wissen, nur selten, obwohl dieses fast stets der Grund für den Fehlschuß gewesen sein mag.

So ist die Mittagsstunde bereits überschritten, und es wird aufgebrochen, um den ausgeschickten Kreisern entgegenzugehen, welche die Dickichte umschlagen, in welche die krankgeschossenen Schweine gewechselt sind. Das eine derselben ist trotz starken Schweißens durch in das Nachbarrevier, wo man andern Tags, auf die erstattete Anzeige hin, die Verfolgung aufnehmen wird. Das andere schwerkrank geschossene Stück hat sich in einem Kieferndickicht eingeschoben, so daß dieser Trieb genommen werden muß. Die Schützen werden auf den Wechseln postiert, während einer derselben, begleitet von einem Treiber, mit den zuverlässigsten Hunden der Schweißfährte folgt.

Nach einiger Zeit schon hören wir das Anhetzen und bald darauf einen einzelnen Schuß, und der Horridoruf belehrt uns darüber, daß das Schwein gestreckt ist. Schnell laden wir nun um, denn nach den Anordnungen des Dirigenten soll auch ein Fuchs geschossen werden. An dem von der Sonne beschienenen Berghange, an welchem einzelne Felsen und Steingeröll den Bestand unterbrechen, steckt, wie wir wissen, der Fuchs außerordentlich gern, da er hier unzugängliche Baue in den Felsenspalten findet, wo er bei ungünstigem Wetter Unterschlupf sucht. Mit der gespanntesten Aufmerksamkeit erwarteten wir daher auf dem guten Passe den Fuchs, welcher auch wirklich bald erscheint, um sofort den Treffer zu quittieren.

Auf diese Weise ist Stunde auf Stunde vergangen, so daß sich die Sonne bereits ganz bedenklich dem westlichen Horizonte nähert. Obwohl nun noch der alte Einzelgänger fest ist, müssen wir ihn für heute stecken lassen, da die Zeit nicht mehr reicht, diese weite Entfernung vor eingetretener Dunkelheit zurückzulegen. Die Jagd wird daher abgebrochen, nachdem für den folgenden Tag alle Verabredungen und Anordnungen getroffen sind.

Das Kreisen nach Schwarzwild muß nämlich jetzt ohne jede Unterbrechung fortgesetzt werden, so lange der Schnee anhält, denn wenn nicht die Fährten regelmäßig verstrichen sind, läßt sich nichts mehr bestätigen. Die Zusammenkunft aber wird für den nächsten Tag in einen anderen Revierteil verlegt, da die Erfahrung gelehrt hat, daß sich die Sauen nicht gern dort stecken, wo mit Treibern und Hunden die Dickichte durchstreift sind und sich nun überall diese frischen Spuren finden.

WILD UND HUND Nr. 7/1895

Zwischen zwei Feuern

Von Ch. Wegener

Lang' ist es her, und doch steht jener Abend greifbar deutlich in meiner Erinnerung. Ich war damals ein junger Mann von dreißig Jahren, hatte eben ein Weibchen heimgeführt und saß als vielbeneideter Gutsbesitzer auf einem der schönsten Fleckchen unserer mit Unrecht geschmähten Mark Brandenburg. Zu meinem Gute gehörten außer einem waldumrandeten See noch ein Flußlauf und einige tausend Morgen der herrlichsten, wildreichsten Forst. Von Jugend auf leidenschaftlich dem Weidwerk und der Fischerei ergeben, nutzte ich, stets von meinem ebenso passionierten Frauchen begleitet, jeden freien Augenblick aus, und wir jagten und fischten nach Herzenslust.

Eines Tages nun, kurz vor Weihnachten, fand es meine gestrenge Frau Mama nötig, mein Weibchen zu einer Reise nach der nächsten Stadt zu veranlassen. Meine Begleitung lehnte man schnöde ab, da man Einkäufe zu machen gedächte, bei welchen ein Mann gänzlich überflüssig sei.

Auch gut, dachte ich, da amüsierst du dich allein zu Hause. Es wollte mir aber garnicht recht im Zimmer gefallen; stets glaubte ich Schellengeläut zu vernehmen, stürzte ans Fenster und wandte mich jedesmal ärgerlich ab, denn die Glocken läuteten nur in meinem Herzen, wie das so bei verliebten jungen Männern der Fall sein soll. Das mußte anders werden, und kurz entschlossen ergriff ich die Lancaster-Büchsflinte, steckte eine Hülle mit sechs Patronen in die linke Brusttasche und schritt durch das Gartenthor dem Walde zu. Ich wollte nämlich, auf Sauen birschend, im Bogen der Chaussee nach F. zustreben, um dort am Schlagbaume der Einnehmestelle die rückkehrenden Damen zu erwarten. Bald schritt ich im hohen Buchen- und Eichenwald dahin, weit hob sich die Brust, ach, mit keinem König tauschte ich: hier auf meiner ererbten Scholle saß ich als freier Mann. Welch' stolzes Bewußtsein ließ mein Herz höher schlagen – frei!" Und ich breitete die Arme aus und sog die nervenstärkende Winterluft voll ein; dann setzte ich den Weg frohgemut fort.

Nach einigen Minuten sah ich die frische Spur eines Handschlittens und die daneben laufenden Fährten zweier Männer. Mir fuhr durch den Kopf, daß ich „Raubwild" in meinen Forsten haben könnte, Wilddiebe, obwohl seit Jahren von den Angestellten reiner Tisch gehalten worden war. Sollten es Jochen Lüdicke und sein Kumpan, der übelbeleumdete Schiffer-Nante sein? Nun, ich gedachte, mir darüber Gewißheit zu schaffen! Ich eilte der Spur nach und näherte mich einem Schlage von hohen Eichen und sah, daß Schwarzwild erst in vergangener Nacht gebrochen hatte. Der Frost, das Laub des Niederholzes und der Schnee fesselten und verdeckten die Eicheln am Boden, und die Sauen suchten wohl täglich die in jenem Jahr reichliche Mast auf. Drüben, dem Flusse zu, welcher schon mit festem Eis sich bedeckt zeigte, lagerten tiefernst dichte Kulturen, in denen die Schwarzkittel bei Tage steckten.

Da mir noch etwa zwei Stunden bis zur Heimkehr meiner Damen blieben, es mochte gegen drei Uhr nachmittags sein, und die Jagdpassion den Gedanken an die Wilddiebe zurückdrängte, beschloß ich, an Ort und Stelle eine Zeitlang zu verweilen, um von den Sauen wenigstens einige zu Gesicht zu bekommen. Garnicht lange brauchte ich zu warten. An der am meisten links befindlichen

Schonung bewegte sich etwas, Reineke erschien auf der Bildfläche, äugte umher, setzte sich nach Hundeart auf die Keulen und schien zu überlegen. Doch plötzlich wurde sein Philosophentum unterbrochen, er stand schnell vor irgend einem Ereignis auf den vier Läufen, sicherte scharf nach rechts und schlich, gedrückt und sich lang machend in einer Terrainfalte fort, um, abermals erschreckt, mit hoher Flucht sich zu salvieren. Meine Sinne schärften sich, es mußte Interessantes kommen, ich fühlte es am Hämmern der Pulse! Richtig, da war auch schon der Schrecken des roten Freibeuters: ein kapitales Schwein. Es durchfuhr mich ordentlich bei seinem Anblick! Wie die weißen Gewehre blitzten, wie massig der riesige Kopf sich präsentierte – ein Anblick ohnegleichen! Wo mochte dieser Recke hergekommen sein?

Langsam, Schritt vor Schritt, bedächtig, mißtrauisch windend, oft minutenlang einem ehenen Standbild gleichend, zog dieses Hauptschwein von der Schonung dem lichten Holze zu. Je näher es kam, desto machtvoller traten seine Formen hervor, desto mehr seine unbändige Wildheit, die sich im tückischen Funkeln der kleinen runden Lichter offenbarte, und seine Kraft, die riesenhaft sein mußte. Lange sicherte der Keiler, bevor er zum „Schmause“ überging. Es schmeckte ihm, es knatschte nur so von zermalmten Eicheln, und völlig vertraut geworden, gab er sich ganz den Tafelfreuden hin. Jetzt schien es mir an der Zeit, der Büchse das Wort zu lassen, doch das Fieber schüttelte mich, die Zähne klappten hörbar aufeinander, und ich konnte das Gewehr nicht hoch bringen.

So vergingen einige kostbare Minuten, der Keiler begann unruhig zu werden und zu „schnauben“. Was mochte er haben? Ich stand äußerst günstig unter Wind, nein, jetzt drehte er mir auch die Kehrseite der Medaille zu, und ein dräuendes, tiefes „Grunzen“ entstieg kurz und mächtig seiner Brust, er warf auf, seine grauen Rükkenfedern hoben sich steil, und er riß mit den Hauern die Laubdecke auf. Aha, da erschien ein Gegner, auch ein grober Kerl, doch nur ein Zwerg gegen den Alten. Jetzt bot dieser eine Blöße dar, und ich riskierte einen Blattschuß spitz von hinten. Wieder ganz meiner Herr, riß ich die Büchse an die Schulter, der Schuß donnerte, und durch den Dampf sah ich das Schwein zusammenbrechen. Schnell geladen! Die Hülse flog heraus, doch leider durch ein Versehen gleichzeitig die Postenpatrone des linken Laufes, und meine Finger zeigten sich so klamm, daß ich die Patronen in der linken Brusttasche nicht schnell fassen konnte, umsoweniger, als mich eine große Unruhe und ein Schrecken überkam, denn ich sah den Keiler, den ich nur gefedert hatte, wieder hoch werden und mich ohne weitere Einleitung annehmen. Mit dem gleichen Blick erkannte ich kaum zwanzig Schritt von mir entfernt rechts und links hinter einem dicken Stamm höhnisch hervorgrinsend die Gesichter des „weißen Jochen“ und des „Schiffer-Nante“. Ich befand mich zwischen zwei Feuern!

Mit Mühe wich ich dem ersten Ansturm des Keilers aus, es begann ein Umdenbaumspringen eigner Art, wobei mir fast der Atem verging und bei welchem mir nur Ruhe vergönnt wurde, wenn der Keiler seine Wut am Stamm ausließ, daß die Borke in Fetzen herumflog. Mein Gewehr lag längst im Schnee, den Genickfänger hatte ich gezückt und gedachte, dem schwarzen Herrn die Sache so schwer als möglich zu machen, als einer der beiden Wilddiebe anfing zu husten.

Wie ein Blitz, so schnell flog der grimme Basse herum, und ebenso schnell lag der „weiße Jochen“ auf dem Boden, wo ihm gründlich die Hosen geflickt wurden. Der

Der Rüdemann um 1900. (Zeichnung von G. Wolters)

Kerl brüllte wie ein wunder Stier. Ohne Besinnen griff ich mein Gewehr auf, glücklich brachte ich zwei Patronen an Ort und lag gedankenschnell im Anschlag. Jochen, obgleich ein übelbeleumundeter Mensch, so doch eben Mensch, Familienvater und besserungsfähig, sollte nicht umkommen, wenn ich's zu hindern vermochte. Sein Kumpan stand gut gedeckt hinter einem dicken Stamm und versuchte, einen Schuß auf den Keiler anzubringen, er sollte mir nicht zuvorkommen! Meine Kugel traf auch das Schwein so glücklich, daß es, nach vorn über den Mann sich wegschiebend, zusammenbrach und mit dem Gebrech in den Schnee fuhr. Es war ein Herzschuß gewesen.

„Sau tot!" rief ich erfreut und trat aus der Deckung, unbekümmert um Nante, der ebenfalls, doch ohne Gewehr, seinen sicheren Posten verließ. Nie habe ich den erstaunten, mit scheuer Bewunderung gepaarten Blick dieses wilden Burschen vergessen! Er zog die Kappe vom Schädel und blieb stumm vor mir stehen. Alles dies hatte sich in Sekundenschnelle vollzogen, und ich atmete hoch auf, ein unendliches Glücksgefühl, der Dank, ließ meine Brust höher schwellen, und ich that bei mir das Gelübde, diese beiden Menschen, welche der nutzbringenden Gesellschaft kaum mehr zuzurechnen waren, zu ordentlichen Leuten zu machen.

Wir untersuchten nun Jochen, und es stellte sich leider heraus, daß der grimme Kämpe ihm trotz seiner stark gekrümmten Gewehre grobe Schmisse versetzt hatte. Ein Notverband war schnell angelegt, und ich erhob mich.

„Wie bringen wir Jochen nach Haus?" frug ich.

„Auf dem Handschlitten, gnädiger Herr", antwortete Nante, „ich hole ihn".

Nach kurzer Zeit erschien er mit dem Gefährt, und wir betteten den Verwundeten auf das harte Lager, banden ihn fest und hüllten ihn in die Säcke ein, welche eigentlich mitgebracht waren, um Wild darin zu verstecken. Es glückte uns, in verhältnismäßig kurzer Zeit das Schloß, und zwar unbemerkt, auf dem Parkwege zu erreichen und den Arzt, welcher sich bei einem meiner erkrankten Inspektoren aufhielt, an das Wundbett zu führen.

Jochen genas nach einem Vierteljahr und wurde wieder arbeitsfähig, trat als Holzhauer in meine Dienste und betrug sich mustergültig, so daß ich ihn zum „Regimenter" aufrücken lassen konnte. Den wilden Nante nahm ich noch am selben Abend ins Gebet, redete ihm ordentlich ins Gewissen und fragte ihn, ob er nicht den Wunsch hegte, festes Brot zu haben? Der Bursche starrte mich wundersam an, ein eigentümliches, rohes, hoffnungsvolles Leuchten erschien in seinen Augen, verlosch jedoch bald wieder, um zur jähen Flamme aufzulodern, als ich fortfuhr: „Da fehlt mir gerade ein Forstwärter – Nante, wollen Sie der sein, werden Sie dem Förster Ihring auch Gehorsam leisten?"

Der wilde Kerl nickte bloß, die Spache versagte ihm und es glänzte so etwas Feuchtes in seinem Auge.

Nante trat den neuen Dienst an, und aus dem Unband wurde ein treuer, schneidiger Forstbeamter, aber auch ein zahmer Ehemann. Und dies hatte Ihrings Christel zu wege gebracht, welche er nach etwa Jahresfrist heimführen durfte.

So erfüllte sich mein Gelöbnis in schönster Weise, und das immerhin waghalsige Experiment, welches mir von vielen Seiten zuerst arg verdacht worden war, konnte als höchst gelungen bezeichnet werden. Wenn ich den mächtigen Kopf des grimmen Bassen über dem Gewehrschrank anblicke, dann gedenke ich des Augenblickes „zwischen zwei Feuern".

WILD UND HUND Nr. 37/1897

„Keilerfest!“

Von Rellüm

Eine wundervolle sternenhelle Nacht lag hinter uns, wir befanden uns auf dem Rückwege vom Ansitz, und zwar mit Erfolg. Mein Begleiter, der Hauptmann Rath, war ganz selig, hatte er doch den lange zu Schaden gegangenen starken Keiler geschossen. Die Einladung, welche uns zu diesem Jagdabenteuer rief, war kurz und lakonisch: „Lieber Rellüm“, lautete sie, „bei mir im Revier tritt Nacht für Nacht ein starkes Stück Schwarzwild in die angrenzenden Haferstücke, ich kann das vermaledeite Vieh nicht kriegen, habe aber alle Tage einen Wildschadentermin nach dem anderen. Sehen Sie zu, was zu machen ist, ich gebe ihnen plein pouvoir, der „schwarze Hauptmann“ wird Sie begleiten.“

Kaum hatte ich den Inhalt gelesen, als der „Schwarze“ schon selbst kam.

„Na, Rellüm, paßt es Ihnen?“ – „Ja.“

„Dann also um 4 Uhr mit dem Zug?“ – „Jawohl.“ Die Sache war abgemacht.

Dein Renommee sollst du nicht unter den Scheffel stellen, dachte ich bei mir, du bleibst sitzen, und wenn es Morgen wird. Zwar ist die Nacht etwas kühl, aber was schadet es. Mein Vorhaben wurde von dem Hauptmann geteilt, als wir uns an der Bahn trafen. Es war Mitte August, die Tage waren schön, aber die Nächte schon recht frisch. Wir hatten uns demgemäß vorgesehen. Als wir in die Schänke des Revierdorfes kamen, dunkelte es bereits. Am Biertisch saßen einige Bauern.

„Guten Abend.“ – „Na, guen obend ook, na, Sei willen woll dat groote Swien tau liefe?“ „Jawohl, die Absicht hätten wir.“ – „Na, ik kann Sei seggen“, nahm der Schulze das Wort, „de letzte Nacht hat mik dat verfluchte Veih taum weinigsten en Wispel Hafer upefressen.“

„Schulze, dat is en betgen velle“, sagte der Schmied, „dann müßte dat Swien ja sau dicke sün un sau graut as en Peerd – un dann noch nich.“

„Herr Schulze“, fragte der Hauptmann, „hat das Schwein nur den Hafer oder das Stroh auch mit gefressen?“

„Der Schulze machte doch etwas große Augen bei dieser Frage. „Nee“, sagte der Schmied, „dat is nich von wegen den Hafer, dat is von wegen den Wildschaden, un wenn et sick door darum handelt, dann freeten de willen Swiene nich unner eenen Wispel.“

Der Schulze griente, und an mich gewendet, meinte er: „Na, wenn unse alle Fründ hier, Herr Rellüm, em nich scheiten deiht, een anner kriegten doch nich.“

„Und, wenn ich ihn schieße?“ warf der Hauptmann dazwischen. „Sei?“, antwortete der Schulze, „Sei?“, den Hauptmann von oben bis unten musternd, dabei seinen Blick auf die dünnen Beine richtend, „du leiwer Gott, Sei frett jo dat Swien mit samt de Flinte up. So’ne Beine – dabei zeigte er sein Handgelenk – un dann so ein Swien – dabei so ungefähr zwei Meer hoch zeigend – nehmen Sei sick man ne Letter mede.“ Bei dem Worte „mitnehmen“ schoß es mir so durch den Sinn: „Die ganze Nacht auf dem Sitzstock, das halte der Teufel aus.“ Meine Meinung wurde auch von dem Hauptmann geteilt. Meine Blicke musterten das Zimmer; ei, da stand ja so ein recht bequemer Großvaterstuhl aus Rohr. Ich fasse ihn so mit der Hand an und finde das Gewicht leicht – den nehme ich. Und der Hauptmann. „Künnen Sei van mick kriegen“, rief der Schulze. Der Rohrstuhl wurde geholt, wir saßen Probe – wahrhaftig es ging, so die rechte Höhe und bequem.

„Dunnerwetter“, sagte der Schulze, „miene Olle – dabei nach der Uhr sehend – et geiht wahrhaftig up achte.“ Im Umsehen waren die biederen Dorfbewohner zur Thür hinaus, das Wort „miene Olle“, schien eine große Zugkraft zu haben. „Merkwürdig“, meinte der Hauptmann, „wenn wir abends mal recht vergnügt beisammen sitzen, Zeit und Stunde vergessend, dann zieht der Oberst seine Uhr und sagt: ‚Meine Herren, meine Alte' – und schwabb ist er hinaus.“ Olle oder Alte, überall der Begriff strenger Hausordnung, wie sie ja im Leben sein muß.

Wohl ausgerüstet zogen wir um neun Uhr ins Feld. Der Knecht trug die beiden Großvaterstühle und Pferdedekken. Und bequem hatten wir uns eingerichtet, ca. 150 Schritte von einander. Die Verabredungen waren genau getroffen; sollte einer zu Schuß kommen, und zwar nur auf Schwarzwild, dann sollte er eine volle Stunde ruhig auf seinem Posten verharren, möglichst bis es Morgenlicht für die Büchse sei.

Es mochte 10 Uhr sein, als alles in Ordnung und jeder auf seinem Stand war. Nichts regte und rührte sich, es war eine wundersame Stille, nur aus dem Dorfe ab und an Hundegebell, dann schliefen, wie es schien, auch diese. Wie langweilig, wird so mancher sagen, wie monoton, stundenlang auf einer Stelle auf etwas Ungewisses zu warten. Nicht doch, lieber Leser, ich kann den gewaltigen Eindruck einer solchen stillen, klaren Nacht gar nicht genug empfinden. Die gewaltige Sternenpracht über mir, ein Blitzen und Flimmern, und gerade an diesem Tage im August. Wie Pfeile flogen die Sternschnuppen den gewaltigen Raum durchmessend. Nicht eine Minute war mir zu viel. Dabei die gespannte Aufmerksamkeit und Erwartung. Gottes allmächtiges Wirken war so voll ausgebreitet, ein frommes, glückliches Empfinden in mir, ich hätte für nichts in der Welt diese Nacht missen mögen. Wie schnell die Stunden kamen und gingen.

Bis plötzlich mein Träumen und Denken durch zwei schnell hinter einander folgende Schüsse gestört wurden. Der erste war ein Büchsen-, der zweite Flintenschuß – der Hauptmann hatte Büchsflinte. Hat er getroffen, hat er vorbeigeschossen? Dieser Zweifel begann mich nun zu quälen, ich nahm die Uhr und konstatierte 1 Uhr. Wie langsam nun die verabredete Zeit dahinschlich. Die Idylle war gestört, meine Aufmerksamkeit, mein Empfinden für die herrliche Nacht vorbei, ich wartete nur auf das Kommen meines Partners. Ach, dachte ich, du fängst an zu frühstücken, dann vergeht die Zeit. Auch dies geschah, und immer und immer noch war kein Ende zu finden. Gott sei Dank – ich hatte etwas gedrusselt – zeigte der Osten ein klein wenig helle Färbung, und bald darauf hörte ich denn auch den „Schwarzen" durch den Hafer schlürfen. „Rellüm!" – „Ja." „Wo?" – „Hier. Na, haben Sie ihn." „Ich hoffe", erwiderte er, „Nachsuche habe ich noch nicht gehalten. Wie aus dem Boden gewachsen, stand der Keiler vor mir, ich taxiere es zwanzig Schritte. Ich hielt nach bestem Ermessen aufs Blatt, eine kurze Wendung der Sau und mein zweiter Schuß muß seitlich sitzen."

Wir ließen es voll Tag werden, denn bei Schwarzwild, noch dazu bei solchem Kämpen, muß Vorsicht obwalten. Die starken Ausrisse ließen uns bald den Anschuß finden, auch Schweiß, hier noch mehr, zuletzt wie mit der Kanne gegossen. „Na, Hauptmann", nahm ich das Wort, „weit ist er nicht." Nach ca. 150 Gängen, die wieder in den Hafer führten, lag verendet das Stück Wild – und was für eins. Ein Horridoh, wie ich es noch nie in den frischen freien Morgen hinausgerufen habe, entrollte im naheliegenden Wald ein donnerartiges Echo. Das war eine Freude! Nun kam meine Arbeit, das Aufbrechen. Es ist dies für mich eine wahre Lust, so ganz weidgerecht und ruhig die Sache zu machen und noch dazu jemandem vorzuführen, der es gern lernen will. Es war ein Stückchen Werk für uns zwei Menschen, diesen gewaltigen Recken zu bewegen. Nach gethaner Arbeit kam aber die Ruhe, das behagliche Empfinden eines mit Erfolg gekrönten Werkes, dann die unentbehrliche Flasche und die Pfeife.

Kurz nach 6 Uhr waren wir wieder im Dorfkruge. Zwar fegte die Frau aus, die Fenster waren offen, aber es roch bedenklich nach Bier und Tabak – ein scheußlicher Gestank, eine solche übernächtliche Kneipe! Wir zogen daher vor, trotz der steifen Glieder erst noch einen kleinen Bummel zu machen, bis alles blank und der Kaffee fertig sei. Der Schulze fuhr gerade vom Hofe herunter.

„Herr Schulze", rief der Hauptmann, „was geben Sie zum besten, wenn die Sau in einer Stunde auf Ihrem Hofe liegt?" „Een gaud Frühstück", antwortete jener, „un halen will ik em ook, wenn hei daud is."

„Daud is hei", sagte ich, „un halen kunnen Sei em, hei liegt and Koppenne von Ehrem Hafer, ober, Schulte, Sei möten noch twei Mann midde nehmen, denn met Ehren Knecht künnen Sei em nich bören."

Wir gingen zum Kaffee. Donnerwetter, das mundete und dazu die Semmeln, dreimal so groß wie in der Stadt und zehnmal besser. Der Hauptmann haute ein wie dazumal bei Sedan. Noch keine Stunde war hin, da sauste des Schulzen Gespann im vollen Trabe über die Dorfstraße; der Schulze saß rittlings auf dem Keiler und schwenkte seine Mütze. Gleich darauf kam er und holte uns zum Frühstück. Der Schmiedemeister war auch von seiner Esse getreten, mit Schurzfell und Holzpantinen nahmen er, der Wirt und noch ein paar Nachbarn an dem Frühstück teil. Himmel, was wurde das für eine Zecherei, der Schulze ließ sich wahrhaftig nicht lumpen. Ich glaube, wir säßen noch da, wenn der Kleinbahnzug nachmittags nicht gekommen wäre.

Wie wir mit unserer Beute nach der Haltestelle fuhren, war das ganze Dorf, Alt und Jung, versammelt, und mit dem Gesang: „Es braust ein Ruf wie Donnerhall …" wurde die Kleinbahn empfangen. Alle Passagiere heraus. Der Schaffner konnte knapp abfahren, so drängten alle sich um die Sau. „Na", meinte er unterwegs zu uns gerichtet, „wie wir mit dem Zug ankamen, glaubte ich, es sei Kriegerfest im Dorfe." „Nein, es war nur „Keilerfest" – aber feste – mein Kopf brummt noch, wenn ich daran denke."

WILD UND HUND Nr. 40/1902

Mit Meute und Saufeder

Von Karl Brandt

Die Krone aller Jagden mit lautjagenden Hunden ist und bleibt für mich die Jagd auf Sauen mit einer guten, vielköpfigen Findermeute. Bekanntlich sind diese Hunde keine selbständige Rasse, sogar meistens nicht einmal Rassehunde, doch sieht man es den meisten an, daß sie mit dem Schäferfix in irgend einem verwandtschaftlichen Verhältnis stehen. Allen aber leuchtet die Jagdlust aus den Augen, und daß sie keine Furcht vor Tod und Teufel kennen.

Eine Findermeute muß „rein" sein, d. h. die Rüden dürfen nur an Sauen – höchstens auch an Füchsen – jagen, und wenn sich einmal ein Rüde von seiner Jagdleidenschaft hinreißen läßt, einer warmen Wildfährte zu folgen, so erklingt sofort das „Feu! (pfui) feu! feu!" des Rüdemannes in der Dickung, und das Peitschenknallen des Schützen, dem das Wild anläuft, erinnert die Hunde daran, daß eine andere Arbeit von ihnen verlangt wird. Auf einer Saujagd gehört die Peitsche zur Ausrüstung des Jägers.

In meiner Jugend habe ich die kurfürstlich hessische Saumeute, 40, 50 Rüden, gleichzeitig in einer Suche ein Monstrekonzert aufführen hören und auf kaiserlichen Hofjagden die Findermeute vom hannoverschen Jägerhofe jagen hören und Hauptschweine decken sehen. Abgesehen von diesen Meuten mit der großen Anzahl von Rüden, war früher die Meute der preußischen Oberförster des Sollings die beste und kopfreichste, mit der ich gejagt, vor der ich Sauen geschossen habe. Die Rüden, sämtlich Dorfköter von jeder Stärke, Farbe und Behaarung, unter denen nur zwei leichte Hatzen waren, lagen als Hofhunde in den Dörfern bei den Bauern. Gewöhnlich wurde drei Tage hinter einander gejagt, und wenn der erste Jagdtag kaum herauf zu dämmern begann, ging Töns, der Rüdemann, von einem Dorf zum andern und ließ sein Rüdhorn erschallen. Bei den ersten Klängen wurde es lebendig auf den Höfen, es hühnschte, heulte und bellte, die Hunde rannten heran, und wenn sie in den Stuben lagen, klirrten die Fenster – mit mußten sie, sie ließen sich durch nichts abhalten. Den Rüden geht es wie den Menschen: Wer die Freuden der Jagd gekostet hat, den zieht es mit allen Fasern des Herzens hinaus zum Weidwerk!

Der Rüdemann ist bei einer Saujagd die Hauptperson, die am meisten zum Gelingen der Jagd beiträgt. Er ist der Führer der Meute und muß die jagdlichen Eigenschaften jedes der Rüden, die zu zwei und zwei gekoppelt von Treibern geführt werden, genau kennen – wissen, welches die besten Finder, welches die besten Draufgänger sind, wenn der wehrhafte Keiler standhält und sich nicht aus dem Lager sprengen lassen will. Er muß kerngesund sein, einen hellen Hals haben, daß sein melodischer Weidschrei das laute Rüdengezeter übertönt, und darf nicht vor den Unbilden der Witterung und einem stundenlangen Durcharbeiten der schneebehangenen Fichtendickung zurückschrecken.

Die Deisterkappe über die Ohren gezogen, oder noch besser einen Sack, dessen „Timpen" ineinandergesteckt sind, wie eine Kapuze auf den Kopf gesetzt, den über den Rücken herabhängenden Sack mit einem Riemen um den Hals festgeschnürt und so vor dem vom Buschwerk herabrinnenden Schnee geschützt, steht er vor der Dickung, in der die Sauen eingekreist sind, inmitten seiner ungeduldig an den Koppeln zerrenden und vor

Jagdeifer winselnden Rüden und wartet auf das Hornsignal, daß die Schützen ihre Stände eingenommen haben. Dann bezeichnet er die zwei oder drei Finder, die zunächst geschnallt werden sollen und die jeder auf einer anderen Stelle, angefeuert durch den Weidschrei: „Horidoh hu!! Süe!" in der Dickung verschwinden – langsam nach der Rüdemann. Diese zuerst gelösten Finder sind natürlich die sichersten und reinsten der Meute, die nie an anderem Wild als an Sauen jagen. Stecken aber Sauen, so dauert es auch nicht lange, bis der giftige Standlaut eines Rüden verkündet, daß er seine schwarzen Freunde im Kessel gefunden hat, und das Juchen des Rüdemanns: „Hu!! Süe – hör to! hör to! hör to! Min Hund, hu!! Süe!!" feuert die übrigen gelösten Finder an, ihrem Kameraden zu Hilfe zu eilen. Aber schon ist der zweite, der dritte zur Stelle, und aus dem Standlaut wird ein wütendes Gezeter von verworrenem Gekläff und Gejauchze, in das der Juchschrei des Rüdemanns: „Hu! Süe!" und dann: „Hunde los! Hu Süe!" hineinschmettert.

Jetzt, wo sämtliche Rüden gelöst sind, wird's erst recht lebendig in der Dickung. Ich stehe auf einer sanft ansteigenden Blöße, hundert Schritt von der Stelle, wo eine Fichtendickung in eine Spitze ausläuft und lausche gespannt nach dem wilden Lärm in der Dickung und male die Szenen mir aus, die dort drinnen sich abspielen. Immer noch der wütende Hals auf derselben Stelle. Aber die ganze Meute ist gelöst, und vor Jagdlust und vor Sehnsucht nach dem Kampfe mit ihren Feinden kläffend und winselnd, stürmen die Rüden einer nach dem andern heran, wie sie gelöst werden, der Tumult, das Gekreisch und Gebell wird immer stärker, ein Hals nach dem andern fällt bei – der Rüdemann hat sich inzwischen auch bis in die Nähe des Kessels durchgearbeitet: „Hu!! Süe!" und jetzt ein wildes Durcheinander, ein wütendes Stimmengewirre, der gellende Aufschrei eines geschlagenen Rüden – und nach allen Seiten wie Spreu vor dem Winde rast die Rotte auseinander, verfolgt von den in allen Tonarten jauchzenden, kläffenden und vor Jagdlust laut aufjubelnden Rüden.

Ein Teil der wilden Jagd kommt auf mich zu – und weit vor dem Hals der Rüden stürmt aus der Spitze der Dikkung ein Schwarzkittel durch die sumpfige Delle, die sich zwischen Fichten und Blöße hinzieht, 30 Schritte vor meinem Nachbar vorbei, dessen sichere Kugel ihn streckt. Und wieder teilen sich die Fichtenzweige, und heraus jagt ein zweiter Keiler 40 oder 50 Schritt rechts an mir vorüber – ein Knall, und mitten durchs Herz getroffen, bricht er verendend zusammen.

Anders gestaltet sich die Jagd in der Dickung, wenn ein wehrhaftes Schwein steckt. Ich stand einmal oberhalb Barsinghausen am Deister vor einer dicht vor mir frisch durchforsteten Fichtendickung auf einem Haufen Boh-

Gedeckt. (Ölgemälde von Frhr. v. Stenglin)

nenstangen, von dem aus ich besser Umschau zwischen dem noch nicht vollständig geordneten Durcheinander halten konnte, und lauschte gespannt dem Rüdenkonzert, das da drinnen mit allen seinen fürs Jägerohr so lieblichen Dissonanzen erklang und mir verriet, daß sich ein Basse den 16 Findern zur Wehr setzte.

Jetzt war der Rüdemann des Deisters, der alte einarmige Höhne, zur Stelle, setzte den Armstumpf in die Seite, was er immer dann tat, wenn er seiner Kehle eine ganz besondere Anstrengung zumuten wollte, und juchte sein „Hu!! Süe!“ in das Rüdengejauchze so gellend hinein, daß dem Schwarzkittel angst und bange zu werden schien. So rasch ging die Jagd plötzlich weiter, aber von mir ab, sodaß ich kaum noch in der Ferne den Standlaut der Rüden vernehmen konnte.

Wieder setzt sich das liebliche Geläute in Bewegung, der Hals der Rüden wird heller und heller, und wieder stoppt die lustige Jagd und das wütende Geheul und Gekreisch und auch der schmerzliche Aufschrei eines geschlagenen Rüden drang deutlich zu mir herüber. So ging's in der Dickung wohl eine volle Stunde lang hin und her, oft bis dicht an den Rand derselben und dann in der letzten Fichtenreihe hinaus und wieder mitten in die Dikkung hinein – bis endlich die wilde Jagd 80 Schritte von mir zum Stillstand kam, und das Fortissime aus allen Rüdenkehlen und schließlich auch der Hetzruf des Rüdemanns mein Jägerherz in die größte Aufregung versetzte.

Was er konnte, raste der schwarze Urian aus dem schützenden Dickicht heraus in den durchforsteten lichteren Teil, einen Haufen Fichtengezweig, der ihm im Wege lag, leicht wie ein Bock überfallend. Jetzt knallte meine Büchse. Das Gebrech furchte eine halbe Sekunde den

Boden, aber in voller Flucht hatte sich der Basse auch schon gewandt – es knallte zum zweitenmale –, die ganze Meute stürmt dem zu Tode getroffenen entgegen. Ein Ruck, und rückwärts hat er sich eingeschoben in einen Haufen Fichtengezweig und streckt der jauchzenden Meute das wetzende, schweißgefärbten Wutschaum umherspritzende Gebrech entgegen.

Natürlich spielt das Abfangen des angeschweißten oder von den Hunden gedeckten oder auch nur verbellten Keiles eine Hauptrolle auf der Saujagd und ist öfter sogar der interessantere Teil auf derselben. Das Einfachste und Gefahrloseste, aber nicht das, ich will nicht gerade sagen am wenigsten Weidgerechte, sondern am wenigsten weidmännisch Herkömmliche und im Ansehen Stehende, ist der Fangschuß. Doch von diesem will ich hier nicht sprechen und nur erwähnen, daß er unter allen Umständen angebracht ist, wenn man es mit einer kranken groben Sau unter vier Augen zu tun hat.

Zum eigentlichen Abfangen dienen Saufeder und Weidmesser (Hirschfänger, Couteau). Jeder der geneigten Leser kennt den Ausdruck „den Keiler auflaufen lassen“, und mancher stellt sich darunter vor oder hat die alte Geschichte gehört, daß der Jäger sich hierbei aufs linke Knie setze, den Griff des Hirschfängers auf dem rechten stütze, dann den kranken Keiler anriefe und das Blatt des Weidmessers so lenke, daß es in das Herz des heranstürmenden Keilers führe. Das ist nichts als Jägerlatein, eine Fabel. Zum Auflaufenlassen ist einzig die nicht sehr langschäftige Saufeder tauglich, unter deren breitem Blatte eine von einer Augsprosse gefertigte Parierstange angebracht ist. Gelegentlich der letzten Hauptprüfung des Vereins Hirschmann kam die Rede zufällig auch auf dieses Thema, und es wurde an Forstmeister Wallmann-Göhrde die Frage gerichtet, wie das Auflaufenlassen gemacht würde. Derselbe erzählte darauf etwa folgendes:

„Das Auflaufenlassen einer groben Sau auf die Saufeder ist kein jägerisches Kinderspiel, wie vielleicht der eine oder andere in voller Jugendkraft strotzende Weidmann annehmen mag, es ist und bleibt ein gefährliches Stück Arbeit, selbst wenn man die nötige Ruhe, Kraft und Geschicklichkeit dazu hat. Deshalb möchte ich auch jeden warnen, dem sich Gelegenheit zum Handhaben einer Saufeder bietet, es ohne einen sicheren Gehilfen zu tun, der ihn im Notfalle unterstützen kann. Natürlich ist es nur an Stellen rätlich, wo man einen guten Ausblick hat und nicht durch Bäume und Buschwerk an freier Bewegung behindert ist. Die Sauen verhalten sich bezüglich des Annehmens sehr verschieden. Mancher kranke Frischling kommt angestürmt, wenn man nur in seine Nähe kommt, und hin und wieder läßt sich ein starker Basse erst lange nötigen, bis er sich zum Annehmen bequemt, oder kommt auch gar nicht heran; im allgemeinen läßt er aber nicht lange auf sich warten, wenn man ihn anruft.

Vor einigen Jahren forderte mich Sr. Majestät der Kaiser in der Göhrde auf, ihm an einem von ihm angeschweißten angehenden Schwein das sich in einer Fichtenkussel gesteckt hatte, zu zeigen, wie man eine Sau auflaufen ließe. Nachdem ich Sr. Majestät genau beschrieben hatte, wie es gemacht wird, ging ich in die Nähe des Fichtenbusches, in welchem der Keiler steckte, und rief ihn an. Sofort schob sich das wetzende Gebrech aus der Deckung, und der grämliche Bursche stürmte auf mich los. Als er so nahe heran war, daß ich ihn erreichen konnte, rannte ich ihm das Eisen zwischen Hals und Blatt schräg in die Brust, und im selben Augenblicke traf sein Gewehr auch schon dicht vor meiner linken Hand den

Eschenschaft der Saufeder. Jetzt ließ ich mich der alten Regel nach vom andrängenden Bassen langsam zurückdrängen – aber sein Widerstand nahm rasch ab, denn ich hatte glücklicherweise das richtige Fleckchen getroffen.

Öfters kommt die Geschichte aber auch ganz anders. Man trifft beim Stoß – denn ein solches Abfangen mit der Saufeder ist kein passives Auflaufenlassen, wie man vielleicht aus dem Ausdrucke schließen könnte – vielleicht die Blattschaufel, den Hals oder zwischen Blatt und Federn (Rippen) durch, und dann würde man in eine sehr mißliche Lage kommen, wenn man keinen Gehilfen hätte. Hieraus sieht man schon, daß die alte Mähr vom Auflaufenlassen auf den Hirschfänger nichts als Jägerlatein ist. Würde man das Weidmesserblatt auch noch so genau auf die tödliche Stelle richten, so würde der Keiler doch, bevor seine Schwarte durchschärft wäre, dem wagehalsigen Jäger einen solchen Denkzettel versetzt haben, daß er kein Begehr trüge, einen ähnlichen Abfangeversuch zum zweitenmale zu wagen. An den Schäften oft zum Auflaufenlassen benutzter Saufedern sieht man stets die Gewehrmale der Keiler." –

Anders verhält es sich, wenn das Stück Schwarzwild von Findern oder Packern gedeckt ist oder im Lager verbellt wird. Dann geht der Rüdemann von hinten heran und stößt ihm die Saufeder dicht hinter, womöglich das rechte, Schild schräg nach vorn, so daß das Herz getroffen wird. Ich habe aber auch hierbei schon gesehen, daß der Fang mißlang – wie ich weiter unten erzählen werde.

Das Abfangen mit dem Couteau, wie das Weidmesser, welches zum Abfangen der Sauen gebraucht wurde, früher im Hessischen hieß, hat mich auf einer kurfürstlichen

Saujagd zu Anfang der sechziger Jahre des vorigen Jahrhunderts der damalige Jagdzeugmeister Kleinsteuber gelehrt. Fünfzig Finder und „Anhälter", stärkere Finder und leichte Hatzrüden, die anhaltend jagten, aber auch anpackten und die Sauen deckten, waren am Garenberge im Reinhardswalde in einem mit Fichtenhorsten und Dornengebüsch untermischten Buchenstangenorte zwischen 200 Sauen – Jauchzen, Kläffen, Wutgeheul, jähes Aufschreien, Klagen gefangener Sauen, Hörnerklang, Weidschreie – kurz, die lieblichste Höllenmusik, die das Jägerohr kennt, und der kurze Knall der Büchsen schlug den Takt dazu. Aber dieses wildeste Toben der wilden Jagd übergellte doch noch der Hetzschrei meines alten Freundes, des heutigen Wildmeisters Otto, der damals als kurfürstlicher Hofjäger Rüdemann war. In einem Dornenkussel drängte sich ein Teil der Rüden zusammen – ein wildes Durcheinander von Verbellen und Schnaufen und dem verlangenden Hühnschen der Hunde, die der Dornen wegen nicht an den gedeckten Keiler konnten.

„Sie sollen ihn abfangen, B.!" rief mir der Jagdzeugmeister zu, als wir mit Otto hinrannten.

Die Rüden hingen wie die Blutegel am Schwarzkittel, so daß er sich kaum rühren konnte. Rasch saß ich ihm rittlings auf dem Rücken, griff mit der Linken in den Kamm, und mein Lehrmeister im Abfangen, der hinter mir stand, führte mir die Hand. Das Couteau traf den Keiler rechts tief, dicht hinter dem Schilde, ging schräg nach vorn und oben – dann hob sich sägend der Griff des Weidmessers langsam nach oben, so daß Lungen und Herz durchschärft wurden. – Ich habe später noch öfter Gelegenheit gehabt, von Rüden gedeckte Sauen auf diese Weise abzufangen oder zu sehen, wie sie abgefangen wurden. Aber es ist mir auch begegnet, daß ich abfangen wollte und auch abgefangen habe, wenn die Rüden den kranken Keiler nicht gedeckt hatten. Dann ging es allerdings nicht auf diese fast vollkommen ungefährliche, vorschriftsmäßige Weise zu.

Im Karlshafener, dem früheren Wambecker Revier liegt ein Forstort, „die Pottkaulen“, der in den sechziger Jahren des vorigen Jahrhunderts eine mitten im Buchenhochwalde liegende, an einer Seite von einer Blöße begrenzte Fichtendickung war, in der sich sehr gern die Sauen steckten. Diese Dickung wurde durch eine Bahn geteilt, und auf dieser war von einem meiner Nebenschützen, Kammerherrn v. Z., ein Überläufer, wie er glaubte, krank geschossen. Nach und nach kam die ganze aus zwei Findern, drei oder vier Teckeln und zwei alten Hatzrüden bestehende Meute an den kranken Schwarzkittel und verbellte ihn; es schien auch wohl mal dem verworrenen Getöse nach, als ob die Rüden anpackten, aber sie ließen gleich wieder los, als wenn sie ihn nicht decken könnten.

Als Oberförster Lenz zu uns kam, erbot ich mich, die Sau abzufangen, und bat dessen Kutscher, einen baumstarken Mann, mir langsam zu folgen. Ich legte dann Gewehr, Jagdtasche und alle Dinge, die ich in den Taschen trug und verlieren konnte, ab, und ging in die Dickung. Am Rande waren die Fichten sehr dicht, im Bestande selbst hatten sie aber schon begonnen, sich unten zu reinigen, so daß man einige Schritte weit sehen konnte. Mich durchs Gezweig pressend, stellenweise auch wohl kriechend, war ich endlich, so leise es gehen wollte, bis dicht an den Kampfplatz gekommen. Wetzend und mit hoch gesträubtem Kamm preßte ein starker zweijähriger Keiler die Keulen an einen unten fast kahlen Stamm, so daß er hinten gedeckt war, und wehrte die Rüden von sich ab, die verbellend vor ihm standen und nicht zuzupacken wagten. Jetzt zog der Hosenflicker das Gebrech vor die Brust, rannte drei Schritt vorwärts, schlug nach einer scheu zur Seite springenden Hatze und suchte sofort wieder mit den Keulen Deckung am Stamme. Das war eine höllisch kitzliche Sache – ein kaum kranker, weidwund durchgeschossener Keiler, eine Meute, die nicht anpackt – zumal wenn man so viele Geschichten von Keilerabfangen erzählt hat. Also vorwärts, es mußte gewagt werden.

Ich kam bis dicht an den Stamm heran, der den Keiler von hinten deckte, ohne daß er mich gewahr wurde. Seine ganze Aufmerksamkeit war auf die Rüden gerichtet, die jetzt, wo sie sahen, daß sie Hilfe bekamen, dicht aufdrängten und auch mal vorwärtsschossen, als wollten sie zupacken. Jetzt, unmittelbar hinter der den Keiler deckenden Fichte stehend, zog ich den Hirschfänger, packte ihn wie einen Dolch und renne ihn bis an die Parierstange dem Keiler von oben hinter das Blatt und greife ihm fast gleichzeitig mit der Linken an der Seite der Fichte in die Borsten. Jetzt faßten auch die Teckel und Finder zu. Ich aber hatte Hirschfängergriff und Borsten derart krampfhaft fest gepackt, daß ich, gestützt durch die Fichte, mit Hilfe der Rüden den vorwärtsdrängenden Keiler so lange zu halten vermochte, bis Friedrich heran war, die Hinterläufe des Bassen ergriff und ich ihn dann abfangen konnte. Es stellte sich heraus, daß die Hatzrüden so alt waren, daß sie keine Fänge mehr im Rachen hatten und deshalb den Keiler auch nicht zu decken und zu halten vermochten.

Aber es gibt auch Jäger, die eine solche Kühnheit und Gewandtheit und einen solchen sicheren Blick und sichere Hand besitzen, daß sie den stärksten gesunden, nur von wenigen Hunden gestellten Keiler furchtlos anspringen und dann mit dem Hirschfänger das richtige

Fleckchen zu treffen imstande sind. Ein solcher Künstler im Abfangen war mein alter, leider zu früh verstorbener Freund Förster Gossow auf Köllnischfeld im Deister.

Es war im Jahre 1879 auf der Kaiserjagd im Saupark bei Springe. Damals wurden die eingestellten Jagen noch etwas anders eingerichtet als heute. Die Kammer für den Kaiser war bedeutend größer, es war eine Dickung von mehreren Morgen umstellt, in welche die für den Kaiser bestimmten Sauen hineingekörnt waren, und zwar durch eine im Gatter befindliche Tür. Hier stieß das Gatter der Kammer an eine zweite, bedeutend größere Abteilung des eingestellten Jagens, in welcher, weil es dichter war als der übrige Teil, sich die meisten Sauen steckten. Vor dieser Abteilung standen dann die höchsten Jagdgäste des Kaisers, die die von der Meute gehetzten Sauen zunächst beschossen, und die, die nicht gestreckt wurden, kamen dann im günstigen Falle erst den übrigen Gästen, d. h. wenn sie von den Rüden nicht zurückgetrieben wurden.

Ich stand im Hallerbruch neben Förster Gossow, der zur Kaiserjagd kommandiert war, an eine Hainbuche gelehnt unfern der Tür im Gatter der Kammer und horchte nach dem Rüdengeläut und dem Geknatter der Büchsen. Jetzt wurde eine Anzahl Finder hundert Schritt von uns standlaut. Alles, was Waffen führte, eilte den Hunden zu Hilfe. Aber sie haben ihn noch nicht fest, die braven Rüden, er fährt zwischen ihnen hindurch und rennt in schnellster Flucht davon. Dreißig Schritt auf fast buschfreiem Gelände kommt die wilde Jagd an uns vorüber – voraus der Keiler mit hochgehobenem Pürzel und aufgesperrtem Gebrech, dicht hinter ihm, so daß sein Rachen fast die Keulen seines Feindes berührt, ein gelblich-weißer, kurzhaariger Rüde, der nur auf eine günstige Gelegenheit zu warten scheint, um zuzupacken. Dann folgen noch fünf oder sechs seiner Genossen, und dicht hinter diesen her stürmt mit gezogenem Hirschfänger Förster G., dessen im Jagdeifer fast verdoppelte Geschwindigkeit der der Hunde kaum etwas nachgibt.

„Hu!! Süe!“ das ist der Kommandoruf, der die Rüden sozusagen elektrisiert, und er feuerte auch unsere Hatze an, in mächtigem Sprunge die eine Hesse des Keiles zu packen. Zwar fliegt der alle vier Läufe gegen den Boden stemmende brave Rüde von dem gewaltigen Ruck einige Schritte voran, aber er hält fest, und sofort hängen auch alle übrigen an der schwarzen Schwarte des Bassen, der hinten niedersinkt – doch nur eine Sekunde, dann ist er wieder hoch, dreht sich, und fast mannshoch wirbelt ein armer getroffener Rüde in die Luft und fällt mit lautem Aufschrei rücklings zu Boden. Fast gleichzeitig trifft aber auch den ritterlichen Gesellen der Hirschfängerstoß des Grünrocks dermaßen genau auf das tödliche Fleckchen, daß er wie vom Blitz getroffen auf die Knie und dann auf die Seite sinkt.

Die Rüden sind wieder in Dorn und Dickicht verschwunden – und wieder kommen sie fast über dieselbe Stelle angejagt, über die sie vorher den dreijährigen Keiler hetzten – vor sich einen mächtigen Bassen, ein riesiges Hauptschwein. Auch jetzt ist die gelblich-weiße Hatze dicht hinter dem Schwarzrock. Jetzt wendet er sich und stürmt auf die Einstellung der Kammer zu, überflieht den Schonungsgraben und rennt und schlägt mit gewaltiger Kraft gegen den Lattenzaun. Doch er hat seine Kraft überschätzt, die Einfriedigung hält stand.

„Hu!! Su!! Sämtliche Rüden hängen im selben Augenblicke am Hinterteil der Sau, das auf der schmalen Böschung zwischen Graben und Gatter keinen Halt für die Schalen findet – es gleitet aus und liegt im Graben – und im selben Augenblicke stößt mit aller Kraft auch schon ein junger Forstmann die Saufeder auf das Schild des Bassen. Aber die Spitze des Blattes durchringt das zähe Hautgebilde nicht, sie biegt sich krumm wie ein Fragezeichen. Schon ist der riesige Gesell wieder auf den Läufen, da fährt ihm noch mit blitzartiger Geschwindigkeit der Hirschfänger des Försters dicht hinter dem Schilde schräg nach vorn durch die Brust, und ebenso blitzartig schnell steht der Grünrock auch schon fünf Schritt weit vom wütenden Keiler, dessen gewaltigen, dem Förster geltenden Schlag die weiße Hatze zu Boden warf. Der Keiler ist frei, und sein Angriff gilt seinem ärgsten Feinde, der ihn ruhig mit dem Hirschfänger in der Faust erwartet. Der Keiler stürzt sich auf ihn – ein Schlag mit dem Gebrech – aber der Grünrock springt nur zwei Fuß zur Seite und schlägt dem Keiler eine Hakenquart über den Schädel.

Weiter rennt der Keiler, er wird matter und sehnt sich danach, sich im Dickicht zu stecken. Er kennt die Pforte, die in die Kammer führt, er ist nur vierzig Schritt von ihr entfernt – aber zehn Treiber lehnen im Innern an ihr und sitzen auf derselben, um das beschriebene Schauspiel anzusehen. Doch was kehrt sich ein wütendes Schwein um ein Menschenknäuel. Es rennt gegen die Tür, sie zerbricht, die Treiber purzeln durcheinander und der Keiler ist in der Kammer. Aber seine Stunde hat geschlagen. Der größte Teil der Rüden, die in der Kammer jagten, war zufällig in der Nähe der Pforte – sie alle und die, die ihn von draußen hetzten, ihm nach und packen und decken ihn, als sich kaum das Fichtengezweig hinter ihm geschlossen hatte. Aber schon ist Förster Gossow mit seinem schweißigen Hirschfänger zur Stelle, und nach wenigen Sekunden röchelt der mächtige Recke des Waldes unter dem kunstgerechten Fangstoß des Grünrocks sein Leben aus, das er so mutig bis zum letzten

Augenblicke gegen die große Übermacht der Feinde verteidigt hatte.

WILD UND HUND Nr. 11/1903

Sagenhafte Hauptschweine der Lüneburger Heide

Von W. Bieling, Königl. Hegemeister

Nachdem die Göhrde um die Mitte des vorigen Jahrhunderts eingegattert war, befand sich nur noch ein geringer Stand von Rot- und Schwarzwild am Lüß und Breitenhees, etwas Rotwild auch auf der Raubkammer und Süsing.

Durch die großen Aufforstungen der Heiden von seiten des Forstfiskus, der Klosterkammer, der Provinz und von Privaten, sowie infolge der Abschaffung der Heidschnucken sind große Waldungen in der Lüneburger Heide entstanden, so daß dem Rot- sowie auch dem Schwarzwilde teilweise herrliche Standorte geschaffen sind. Das Rotwild hat sich infolgedessen in den letzten 50 Jahren vermehrt, wenn auch die Geweihbildung mächtig zurückgegangen ist, eine Erscheinung, die leider auch in anderen Provinzen vorkommt. Das Schwarzwild, welches leider keine Schonung genießt, wechselt weit umher, taucht hier und da auf, kehrt aber in Mastjahren meistens nach dem Lüß und Umgegend zurück.

Der heutige Hochwildstand ist für viele Private und Gemeinden ein großer Segen, denn die Jagdpachten sind in den letzten 20 Jahren um den 6-7fachen Preis gestiegen. Wenn das Wild, besonders die Sauen, auf den Feldern stellenweise bedeutenden Schaden anrichtet, so haben es die Leute meistens selbst verschuldet, dadurch, daß sie ihre Wildgatter um die Felder, wofür sie an den meisten Orten reichlich bezahlt kriegen, nicht im Stande erhalten.

Der Süsing hatte in den 60er Jahren des vorigen Jahrhunderts zeitweilig viel Sauen, so auch die Lucie bei Lüchow, und hat heute noch immer Schwarzwild. Im Wietzenbruche wurden die letzten Sauen in den 40er Jahren des vorigen Jahrhunderts eingefangen und nach dem Saupark bei Springe gebracht. Zu diesem Zwecke war ein großer Fang von 1-2 Morgen Größe angelegt und mit zwei breiten Falltüren versehen, welche von einer auf einer starken Kiefer angebrachten Kanzel von einem dort postierten Jäger im geeigneten Moment zugezogen wurden. Dies mußte der damalige Feldjäger Aspirant Plock (zuletzt Förster auf dem Beerbusch bei Burgdorf) machen. Eine etwas kalte Geschichte in einer kalten, mondhellen Novembernacht. Derselbe erzählte oft davon, daß er mehrere Nächte vergebens gesessen hätte; es wären wohl einige Sauen in den Fang gekommen, aber es handelte sich darum, die ganzen Sauen mit einem Schlage zu bekommen. In der dritten oder vierten Nacht glückte es; er hatte sie alle gefangen und konnte noch in derselben Nacht dem damals dort stationierten Hofjäger melden, daß die Sache erledigt sei. Wieviel Sauen gefangen wurden, weiß ich leider nicht mehr. Der Fang geschah auf einer Körnung im sogenannten Hatzengehege, unweit des jetzigen Jagdhauses daselbst.

Im Herbst 1907 hatten wir hier fast gar keine Mast, nur einzelne freistehende Eichen hatten etwas Sprengmast. Kurz vor Weihnachten hatten wir zweimal etwas Schnee am Nachmittag und Abend, der aber jedesmal am andern Morgen wieder verschwunden war. An einem Abend bei Vollmond und etwas Schnee hatte ich mich auf einem breiten Feuersicherungsstreifen, worauf alles Laubholz übergehalten ist, nach Sauen und Fuchs angestellt. Als der Mond hoch kam, sah ich auf ungefähr 100 Meter fünf Sauen unter einer stärkeren Eiche nach Eicheln usw. brechen. Dieses Bild, gesehen durch ein gutes Fernrohr, war erhaben. Nachdem ich die Sauen gehörig angesehen hatte, versuchte ich auf dem längs des Sicherheitsstreifens laufenden Birschsteig näher heran zu kommen, um womöglich den dabei stehenden starken Keiler (Hauptschwein) zu erlegen. Dieses mißglückte, weil noch mehrere Sauen dicht am Birschsteige standen, Unrat merkten und die anderen Sauen mitnahmen.

Am anderen Morgen war der Schnee wieder verschwunden, dann bekamen wir am 10. Januar eine gute Neue. Beim Abspüren stellte ich fest, daß ich 2 Rudel Sauen, jedes Rudel von 10–12 Stück, in 2 nebeneinander liegenden Jagen hatte. Das eine Jagen grenzt an den bekannten Sicherheitsstreifen.

Ich gebrauchte den Ausdruck Rudel, nicht Rotte, welcher Ausdruck leider in den letzten 25 Jahren jetzt fast überall hier gebraucht wird. (Eine Anzahl Wölfe bezeichnet man mit Rotte.) Auch das unschöne Wort „Würgen" beim Hühnerhund hat sich in den letzten 30 Jahren erst eingebürgert; wenn ich nicht irre, gebrauchte Hegewald

Abenddämmerung. (Aquarell von R. Feussner)

zuerst das Wort, heute plappert es fast jeder Gebrauchshundführer mit Nachdruck nach!

Es waren 25 Schützen zur Stelle, und mein hoch verehrter Chef ordnete an, daß beide Jagen auf einmal genommen wurden; die Schneise zwischen den beiden Jagen konnte auch mit Schützen besetzt werden. Es war somit ein Kontra-Jagen geschaffen. Das südliche Jagen, ein 25-30jähriger Kiefernort, enthält am nördlichen Ende alte Fichtensaatkämpe, das nördliche Jagen besteht aus einzelnen Eichen, Kiefern und Fichten mit einer mehrere Morgen großen festen Fichtendickung.

Die beiden Rüdemänner mit acht guten Saufindern mußten von Norden her mit halbem Winde ansuchen, und kaum zwei Minuten später als die Jagd angeblasen war, jagten sämtliche Hunde. Das erste Rudel Sauen war aus dem Kessel gesprengt, und nach einigen Minuten knallte es überall. Die ganze Suche dauerte wohl 1 1/2 Stunden, und in dieser Zeit jagten die Hunde ununterbrochen. 59 Schuß wurden gezählt, und als die Jagd abgeblasen wurde, lagen 9 Sauen tot auf der Strecke, und die zehnte Sau, welche weidewund geschossen wurde, deckten die Hunde in einer etwas entfernten Dickung, und sie ward dort von den Rüdemännern abgefangen. Es waren 4 gröbere Sauen (3- und 2jährige und Überläufer), leider Bachen, und 6 Frischlinge. Immerhin ein gutes Resultat, zumal wenn man bedenkt, daß nur mit Kugel geschossen wurde. Diese Suche mit der Findermeute bei klarem, schönem Wintertag mit ca. -2° Kälte, wo man alles hören konnte, das fortwährende Jagen der Hunde, das Knallen der Büchsen, dazwischen die Weidschreie der Rüdemänner in Baß und hohem Diskant und ab und an das Klagen der von den Hunden gedeckten Sauen wird manchem Jagdteilnehmer zeitlebens in Erinnerung bleiben. Ich habe in meinem langen

Jägerleben in freier Wildbahn eine so schöne Suche mit solchem Resultat nicht wieder erlebt. Heute wechseln die übrig gebliebenen Sauen in kleinen Rudeln weit umher und sind teilweise auch ganz ausgewechselt.

Der alte bekannte Basse mit der schiefen Schale, der sich auch an dem Tage mehrere Male in die beiden Dikkungen hinein- und herausspürte, kam leider nicht vor. Er ist ein Dekorationsstück, hat mindestens seine 10 Jahre auf dem Nacken und müßte eigentlich geschont werden, wenn er keinen Schaden machte und nicht auswechselte. Er ist aber immer auf Reisen, ist mal einige Tage und Wochen hier und verschwindet dann wieder auf längere Zeit.

Vor 22 Jahren hatten wir hier auch mehrere Jahre lang ein ganz kolossales Hauptschwein, wohl die stärkste Sau, welche in den letzten 100 Jahre in hiesiger Gegend gewesen ist. Der Keiler führte den Namen „Konrad", war weit über 1 m hoch und weit über 2 m lang! Seine Fährte glich der eines einjährigen Rindes, und das Geäfter spannte über 20 cm. „Schön" war er nicht, denn er war weiß und hatte an der linken Seite zwei große schwarze Flecken. Mancher der Herren, welche damals mit uns hier gejagt haben, wird sich dieses überaus starken Keiles wohl noch erinnern. Wie manchen sauren Weg habe ich wohl um die Erlegung dieses Keilers gemacht und wie manche Stunde bei bitterer Kälte, Schnee und auch Regen vergebens ihm geopfert. Gesehen habe ich ihn öfter, konnte aber nie eine sichere Kugel anbringen. Steckte er in einer Dickung und hörte das Anblasen der Jagd, so wechselte er sofort an irgend einer Stelle heraus und suchte das Weite und war dann für längere Zeit verschwunden. Auch kam es vor, daß, wenn er merkte, daß die Dickung, worin er steckte, mit Schützen dicht umstellt war, er garnicht herauswechselte; er schlug die

„Sie kommen!“ (Zeichnung von W. Arnold)

Hunde ab, und wenn diese erst ein paarmal überrannt waren, ging kein Hund mehr heran. Auch selbst die Rüdemänner hatten wenig Lust, sich von „Konrad“ annehmen zu lassen, sein Wetzen und Blasen in den dichtesten Horsten war auch zu dräuend! Mitunter wechselte er auch über freie Kulturflächen heraus, wo kein Schütze stand, oder er lief einen schlechten Schützen an, der ihn vorbeischoß oder zuguter Letzt mit Posten etwas kitzelte.

Nachdem er schon längere Zeit von hier ausgewechselt war, hörte ich von meinem seligen Schwager, der Revierförster beim Grafen von Bernstorff-Gartow war und „Konrad“ von hier aus kannte, daß dieser starke Keiler im Frühjahr des nachts auf dem Felde von einem Bauern in der Nähe von Gartow erlegt worden sei. Sowie er davon erfahren hätte, wäre er sofort hingefahren, um diesen Koloß von Keiler zu sehen. Mein Schwager hatte ihn sofort an den beiden schwarzen Flecken an der linken Seite erkannt. Der betreffende Bauer hatte den Keiler auf seiner Scheunendiele mit einer Winde, die Hinterläufe nach oben, wie beim zahmen Schwein aufgehängt. Der Keiler war so lang, daß der mächtige Kopf beinahe den Boden berührte. Die Gewehre fehlten bis auf zwei braune kurze Stümpfe. Sein Gewicht wurde (trotz der schlechten Jahreszeit) auf 300-350 Pfund taxiert.

In den 80er Jahren des vorigen Jahrhunderts hatten wir hier im Lüneburgschen 3/4 weißbunte Sauen, und nur ca. 1/4 war schwarz. „Konrad“ hatte sich leider gut vererbt, während wir heute fast nur schwarze Sauen haben und eine bunte Sau jetzt eine Seltenheit ist. Ende der 60er oder Anfang der 70er Jahre wurde hier am Lüß ein sehr starkes weißbuntes Hauptschwein von annähernd 300 Pfund Gewicht vom damaligen Förster Dankert in Weyhausen auf der Streifjagd erlegt.

Starke Keiler von 180-250 Pfund sind in hiesiger Gegend mehrfach erlegt, auch ich habe einige gute Keiler geschossen; aber solche Recken von 300 Pfund und darüber sind doch recht selten.

Obgleich den wenigen Sauen hier im Lüneburgschen, wie ich schon im Eingang meiner Schilderung erwähnt habe, große, ausgedehnte Wälder zur Verfügung stehen, so wird leider die Zeit nicht mehr fern liegen, wo das Schwarzwild aus den freien Wildbahnen verschwunden ist, ein gleiches Schicksal teilend mit dem Kolkraben, schwarzen Storch, Fischotter, Adler, Kranich usw.; sie passen nicht mehr in die heutige Zeit; trotz ihrer teilweisen Schonung gehen sie leider rapide zurück! Das Fortschreiten der Kultur und der Industrie verdrängt sie.

WILD UND HUND Nr. 19/1908

„Dunnerwetter, ja!“

Von Friedrich von Gagern

Nach dem ergiebigen Schüsseltreiben saßen wir noch lange bei Bränden der verschiedensten Art zusammen, goldigem Blinkebrand in Kristall, duftendem Glimmbrand edelster Deckblätter von westindischen Märcheninseln. Angenehme, angeregte Müdigkeit, Vorfreude auf den nächsten Tag, Geister des flüssigen Feuers und mildwürziges Raucharoma zogen ihre Kreise. Kriegsrat, alte Erinnerungen, ab und an ein kleiner Ausfall auf die menschlichen und jägerischen Schwächen des lieben Nächsten. Strecken und Trophäen steigerten sich ins Maßlose.

Schließlich wies der Jagdherr die Beute seines letzten Jagdjahres vor. Einige höchst ehrenwerte Geweihe, anderthalb Dutzend äußerst anständiger Gehörne, kurzwuchtig, grobgeperlt und langsprossig – und, als Kronstück dieses Jahrgangs, Gewaffe eines vielleicht fünfjährigen Keilers.

Der lange Willy zog die Augenbrauen hoch, kniff die Schweißhundaugen zusammen, leerte sein Glas auf einen herzhaften Hieb und goß es im selben Atem wieder voll.

„Dunnerwetter, ja“, brachte er dann heraus; „Dunnerwetter, ja! ... Wo haste denn den gewildert?“

Der lange Willy ist nicht ganz frei von einem kleinen Schußneid; aber es ist ein gutmütiger, drolliger Neid, der aus seinen Augen zwinkert, kein giftgrüner, der weiterfrißt und Hitze erzeugt.

Der Jagdherr lachte vergnügt.

„Auf meinem höchsteigenen Revier, ohne von dir eingeladen zu sein. Und weißt du, wo? Im großen Kartoffelschlag am Westeroder Bruch – na, wo du damals den gewissen Bock mit den engstehenden Stangen vorbeigeschossen hast."

Nun schürzte Willy erst recht die grauen Brauen.

„Ich soll mal wo einen Bock vorbeigeschossen haben?"

„Viele", sagt der Jagdherr grausam. „Also dort brach der Bursche, Nacht für Nacht, mal nach Kaiserkronen, mal nach Regenten, wie ihm eben der Wurf stand. Es hat nur Geduld dazu gehört, ihn auf die Schwarte zu legen. Glock achte kam er, gerade als hinten auf der Rosmarinwiese der Zwölfer da knörte. Es gab Mondschein, ich hockte im Schirm, natürlich mit der schweren Hirschkanone und dem Fünffachen. Na, wie er erst

„Hu! Faß!" (Ölgemälde von K. Wagner)

mal so behaglich herumtrüffelte, hinein mit dem Zielstachel ins Schwärzeste und dann los. Blitz, Krach, Gerumpel – weg war der Spuk, und der Mond schien. Am nächsten Morgen fanden wir ihn, zehn Fluchten tief im Bruch."

„Na, und hat er dich wenigstens noch angenommen?" fragte Willy.

„Den Gefallen hat er dir nicht erwiesen. Nee, weißte, dreieinhalb Gramm Blättchenpulver – mit so 'nem Stahlmantelblattschuß nimmt der grimmste Basse einen nach zehn Stunden nicht mehr an."

„Nicht?" fragte der alte Graf aus seinem Lehnstuhl her, „nicht? ... Ich kann Euch nur sagen, mir ist mal einer aus dem Wundbett entgegengefahren, daß ich beinahe aufs Schießen vergaß."

„Erzählen! Erzählen!"

Der Graf wehrte ab.

„Ich denke auch nicht daran. Ich habe meine paar Sauen doch auch nur in den Kartoffeln oder ganz zufällig auf der Birsch geschossen. Zugewanderte Stücke, Wechselwild. Das war kein Kunst- oder Heldenstück. Ist ja ein Jammer, daß man jedem armen Zigeuner von Schwarzkittel, der sein Gebrech ins Revier steckt, immer gleich auf die Schwarte rücken muß! Aber wer seine Kartoffeln lieb hat und von ihnen abhängt! Das wäre ja noch schöner, dem Rotwild opfert man mehr, aber wenn dann noch so'n Landmann einem im Ohr liegt ... Klein bißchen Jagdteufel ist ja auch mit bei. Aber es ist doch ein rittermäßiges Wild, richtiges altes Edelwild – Herzogswild, Königswild, möchte ich sagen. Das sollte man eigentlich ritterlicher bejagen als mit Kilometerbüchse und Fernrohr."

„Nanu, geht das auf mich?" fragte der Jagdherr.

„Auf dich und mich, uns alle!" nickte der Graf. „Das moderne Jagdzeug und Schwarzwild, das paßt gar nicht zusammen. Wer davon Gebrauch macht, ist eigentlich ein Feigling. Der Basse nimmt ja eine ritterliche Herausforderung nicht ungerne an. Er ist wenigstens ein ebenbürtiger Gegner. Man sollte heutzutage froh sein, wenn man noch einen solchen findet, und sollte zu vornehm sein, ihn zu meucheln."

„Danke ergebenst. Bin Familienvater."

„Das waren unsere Ahnen bekanntlich auch."

„Andere Zeiten, andere Waffen, andere Jäger."

„Das merkt man auch", spottete der Graf. „Am Wilde merkt man's und an uns, die wir uns heute Jäger nennen. Seinerzeit, da war noch der Mann was wert, der den Bassen weidgerecht die Feder anlaufen zu lassen verstand. Schwächlinge vermochten es nicht. Da war noch die Jagd ein Spiegel und eine Vorübung des Krieges. Heute – ? Na, lassen wir das."

„Zumal du die Menschen doch nicht bekehren wirst", neckte der Jagdherr. Der Graf lehnte sich behaglich zurück.

„Tjaja. Von der Saufeder sind wir auf die Kilometerteleskopbüchse gekommen, vom elchledernen Wams auf Dreß und Frack, vom Mettrunk aus dem Stierhorn auf Grand Marnier und Havannablüte. Degeneration. Ich habe zu Hause eine alte Familienchronik. Die erzählt von zweien meiner Ahnen, die von hauenden Schweinen auf den Tod geschlagen worden sind. Das war wenigstens ein rittermäßiger Tod – in Friedensläuften."

„Den zu sterben ich um ein Haar die Ehre hatte. Und das mitten im Kriege."

Der das sagte, war der Baron, Leutnant a. D., ein neuer Gast des Hauses und Revieres – ein sehr schweigsamer.

Alle Köpfe fuhren nach ihm herum.

„Sie?" fragte der Jagdherr. „Und das sagen Sie jetzt erst?"

„Es hat mich früher niemand danach gefragt", versetzte der Baron lakonisch.

„Dafür werden Sie aber nun erzählen." Der Baron lachte still in sich hinein.

„Gott, die alte Geschichte …"

„Uns ist sie neu."

„Ich fürchte, es wird Sie enttäuschen. Oder langweilen."

„O, durchaus nicht."

„Na, denn meinethalben." Der Baron setzte sich in Positur. „Zunächst mal eine Frage! Hat einer oder der andere von Ihnen jemals mit der Findermeute auf Sauen gejagt? Nein? … Das tut mir leid für Sie. Es ist wirklicher Jagd höchster Inbegriff – neben der stillen Birsch auf den

Hochgeweihten. Das ist wirkliche Jagd. Jagd, verstehen Sie, nicht Weidwerk. Jagd im alten, harten Sinne. Wenn so die Hatz lauthals durch den roten Herbstwald jauchzt oder durch den weißen Winterforst, und der Rüdemann jucht die Packer an und das Horn klingt verloren aus irgendeinem Grunde herauf, wo der Basse sich hat auf die Schwarte bitten müssen – das ist Musik, das ist Mannshandwerk, das ist Freiheit und Lust ... Na, ich hab's genossen, hier und dort. Kein Jagen auf Sauen ohne Findermeute ... Aber davon wollte ich nicht erzählen.

Also, es war damals, im ersten und letzten Herbste, den ich außerhalb Deutschlands Grenzen verbracht habe, anno siebzig. Sonst lockt mich kein Engel und kein Teufel aus meinen und mir gastfreundlichen Jagdgründen weg, sobald der Bock sein Gehörn blank gefegt hat – geschweige denn, daß ich einer gesellschaftlichen Pflicht eine einzige Stunde der Feist- und Brunftzeit opfern würde. Na, dafür bin ich ja nachgerade bekannt. Aber die Pflicht gegen das Vaterland, die fragt nicht nach dergleichen Lebensgrundsätzen. Der Krieg stülpt alles um und läßt nichts gelten ... So zog ich damals, der ich eben erst vom Regiment geschieden war, um das väterliche Erbe anzutreten, wieder des Königs Rock an, und anstatt in den kühlen Forsten der Heimat verbrachte ich Spätsommer und Jagdzeit auf heißem französischen Boden."

„Haben Sie die großen Augustschlachten mitge-macht?" fragte der Graf; „ich bin ja auch ein alter Siebziger." Der Baron schüttelte den Kopf.

„Das ist's ja eben," sagte er fast mißmutig, „gar nichts habe ich mitgemacht – außer jene Sauhatz, von der ich Ihnen erzählen soll. Nämlich, mich als Majoratsherrn und –erben glaubte man sparen zu müssen. Es hat sogar

Leute gegeben, die mich durchaus loseisen wollten, einige einflußreiche alte Tanten, die, ich weiß nicht warum, einen giftgrünen Haß gegen die jüngere Linie in ihren altjüngferlichen Busen nährte. Na, ich habe ja bekanntlich ihnen allen den Gefallen nicht erwiesen, ich bin ein Hagestolz geblieben – wenn ich in die Grube fahre, was sofort geschehen möge, wenn ich ein Jagdkrüppel geworden bin, kommt doch der Neffe Günther von der jüngeren Linie daran. Gute Reviere wird er erben, der Junge ... Wo bin ich denn eigentlich stehen geblieben? Das kommt davon, wenn man erzählen soll und hat keine Übung darin ...“

„Sie waren in Frankreich einmarschiert“, erinnerte der Jagdherr.

„Richtig. Also, ich war in Frankreich einmarschiert, aber hinter der Front. Etappenoffizier. Können sich denken, wie mich das wurmte. Ich kochte nur so vor Wut. Aber man ist nicht berechtigt, Kritik zu üben an der Art und Weise, in der man seinem Vaterlande zu dienen hat. Immerhin, ich empfand das beinahe als Zurücksetzung.

Donnerwetter, ich bin schon wieder entgleist. Also, um es kürzer zu machen: Sedan war geschlagen, Napoleon saß auf Wilhelmshöhe, Bazaine in Metz – und ich hatte vom ganzen Kriege noch nicht einmal einen rechtschaffenen Schuß gehört. Mit meinen Leuten lag ich im Château eines Vicomte de la ... aber der Name tut ja nichts zur Sache.

Anfangs langweilte ich mich entsetzlich. Herrgott, das war doch keine Aufgabe für einen jungen Krieger, das Hinterland zu bewachen, während die anderen auf Paris zu weiterfochten – darunter einige Vettern von der jüngeren Linie. Ich setzte mich hin und schrieb ein Gesuch um

Versetzung nach der Front. Wollte doch auch etwas vom Kriege haben. Aber die Erledigung ließ auf sich warten. Übrigens war das Château reizend gelegen am Saume tiefer, wilder Bergwälder. Ein ehrwürdiges Gebäude war das, fest, klein, efeuberankt und beinahe sagenumsponnen. Uraltes Schlachten- und Jagdgelände, so etwas vom Geiste des heiligen Hubertus und Karls des Großen witterte um das Gemäuer. Sie verstehen mich schon. Viel Tradition, viel Geschichte. Die Wände starrend voll starker Trophäen und düsterer Waffen. Was aber die Hauptsache war: der Vicomte ein vollendeter Edelmann, die Vicomtesse eine vollendete Schönheit, und die junge Schwester des Hausherrn –lassen wir das.

Die Jagdlust, die in diesen Räumen seit uraltersher lag, schnupperte ich, wie Sie sich wohl denken können, so begierig ein wie der Hund die Wildwittrung. Fast Heimweh bekam ich davon. Ich mußte an den starken Hirsch im Wolfsbruch und an den Achterbock auf der Hinterteichwiese denken, das machte mir das Herz schwer. Der Vicomte mochte mir das ansehen, und seine Damen auch. Er war ein Mann, mit dem sich reden ließ – so gut fast wie mit einem Deutschen. Seitdem Frankreich sich als Republik erklärte, wollte er mit der Sache seines Vaterlandes nichts mehr zu tun haben. Gambetta nannte er einen Schwindler, Mac Mahon einen Verräter, Napoleon einen Hochstapler. Er war eben Royalist bis in den Kern hinein, der liebenswürdige Vicomte.

Oft plauderten wir von Jagd; das stellte erst recht nähere Beziehungen her. Der Vicomte war ein begeisterter, leidenschaftlicher Weidmann, das spürte man bald heraus. Uraltes Jägerblut führte er in seinen Adern, das stand fest. Er rühmte sich der Abstammung von Gaston de Foix; geprüft habe ich seine Ahnentafeln nicht, aber ehrwürdiges Reliquiar hing in Fülle an den Wänden, schlief unter kostbaren Vitrinen. Fraglich erschien mir, ob der Vicomte auch ein gerechter Weidmann nach strengen deutschen Begriffen sei. Ich hege immer ein gewisses Mißtrauen gegen welsche Jägerei. Posten, Hackblei, Brackaden, wüste Schinderei sind heute bezeichnend für die sogenannten Jäger des Landes, von dessen Adel wir einst das geheimnisvolle Zeremoniell höfischer Weidgerechtigkeit empfangen haben. Das sagte ich freilich dem Vicomte nicht; und bald begriff ich, daß ich teilweise umlernen müsse.

Es dauerte nicht lange, so jagten wir gemeinsam. Zuerst mit der Flinte auf Hasen und Hühner, deren es reichlich gab. Dann bereitete mir eines Tages die Vicomtesse eine anmutige Überraschung. Sie forderte mich zu einem Reviergange auf – die Flinte dürfe ich ruhig daheimlassen, meinte sie lachend. Ich verstand zunächst den Sinn dieser Maßregel nicht, und Sie können sich denken, daß ich mit einiger Spannung der Lösung des Rätsels entgegensah. Nun, dieses Geheimnis fiederte sich als ein wohlabgetragenes Sperberweibchen aus, das gehäubt und gefesselt auf dem Handschuh seiner Herrin saß. Statt die Hühner zu schießen, beizten wir sie. Die Strecke war nicht groß, aber wirklich erlesen der Genuß. Ehrlich gestanden, der Beizvogel war mir fast Nebensache – gut, Sie verstehen mich schon. Mittelalterliche Gefühlsstimmungen bemächtigten sich meiner …"

Der Baron holte ein wenig Atem. Er war nun selbst ins Feuer geraten.

„Anderen Morgens durfte ich mit der Schwester des Vicomte ausreiten. Erstklassige Pferde, ein klarer Herbsttag voll Farbe und Tau. Neben mir das prachtvolle Mädchen, ein Traum von einem Weibe, zart, sinnig, reich an Gemüt und Feingefühl für die Schönheiten der

Natur. Eine Art Trunkenheit begann mir in die Adern zu steigen, ein leichter Rausch, der mich den ernsten Zweck meines Aufenthaltes fast vergessen ließ. Dann rührte sich freilich das deutsche Gewissen, und in der Ernüchterung sehnte ich mich nach Erledigung meines Ansuchens. Nach Versetzung zur Front. In Stunden der Ernüchterung, habe ich gesagt; und diese waren selten.

Eines Abends, da wir auseinandergingen, ich war gerade an diesem Nachmittage wieder mit der Schwester des Vicomte ausgeritten, – also eines Abends erhielt ich einen kleinen Zettel in die Hand, den ich in meiner heißen Überraschung fast sofort entfaltet hätte. Er verbrannte mir ordentlich die Finger, dieser Zettel; mit stockendem Pulsschlag las ich dann, auf meiner Stube angelangt, die Warnung: „Hüten Sie sich vor meiner Schwägerin."

Es war am nächsten Morgen vor dem Frühstück, da ich die Schwester des Hausherrn im Garten traf. Etwas befangen fiel mein Gruß aus, etwas stiller als sonst war die junge Dame. Wir schritten die Lindenallee hinab, wo der schwere Tau aus dem brokatenen Herbstlaub niedertropfte – die richtige farbensatte Reitjagdstimmung. Recht schweigsam waren wir beide. Bis mir das Mädchen plötzlich ganz sanft die Hand auf den Arm legte.

„Darf ich Ihnen etwas sagen?" „Aber gewiß." „Und Sie werden es mir nicht übel auslegen?" „Niemals." „Es ist nur Ihr Heil, woran ich denke, lieber Baron. Ich habe keine Ruhe, wenn ich nicht aufrichtig gegen Sie bin … Seien Sie auf Ihrer Hut vor Hortense."

Der Baron hob sein Glas, hielt es gegen das Licht und trank es in einem Zuge aus.

Intermezzo. (Zeichnung von H. Friedrich)

„Kennen Sie das berühmte Bild von Rubens? Es heißt, glaube ich, „Die Eberjagd", und es hängt, wenn ich nicht irre, in der Münchener Pinakothek. Es ist nicht von Rubens allein gemalt. Snyders hat auch seinen Anteil daran. Von ihm sind vielleicht die Rüden und der Keiler, von Rubens ganz bestimmt die Muskelkerle mit Saufedern und Hörnern. Also, von diesem Bilde hing eine sehr gute Kopie in der Jagdhalle des Châteaus; dort paßte es trefflich hin.

Wir nahmen die Mahlzeiten meistens in dieser Halle ein; so kam es, daß das Bild sich mir schließlich sehr genau einprägte. Unwillkürlich zog es durch seine Größe und die dramatische Bewegung der Gruppe immer wieder meine Blicke auf sich. Das entging dem Vicomte nicht.

„Sie scheinen dieses Bild sehr zu schätzen", lächelte er mir zu, als wir beim Frühstück saßen; „es ist nur eine Kopie, allerdings eine gute."

„Ich weiß", sagte ich. „Das ist es auch nicht. Ich bewundere nicht die Kunst des Künstlers, sondern die Jagd dieser Jäger. Das war noch ritterliches Weidwerk, Vicomte."

Da blitzten seine Augen auf. „Wollen Sie einmal mit mir auf Sauen jagen?"

„Wie, Sie haben Schwarzwild im Revier?"

„Nicht allein Schwarzwild habe ich, sondern auch eine Findermeute, die beste von ganz Frankreich. Ein Förster hält sie in seinem Zwinger. Wollen wir, Baron?"

„Und ob ich will."

„Abgemacht, bon – ein schöneres Jagdwetter können wir uns nicht wünschen. Morgen sollen Sie sehen, daß ein französischer Edelmann des zweiten Kaiserreiches noch immer auf ritterliche Art zu jagen versteht."

Ich verbeugte mich. „Daran habe ich nie gezweifelt, Vicomte. Diese Artigkeit war ich ihm schuldig.

Das wurde ein langer Tag für mich. Von Vicomtesse Hortense war bis gegen Abend nichts zu sehen, von Vicomtesse Marianne nicht viel. Das Mädchen war mit einem Male scheu geworden und mied mich. Soll ich sagen, daß ich Marianne suchte?

Endlich wurde es doch Nacht. Die Gemahlin des Hausherrn hatte ihre Migräne ausgeschlafen, Marianne setzte sich nach dem Mahl ans Klavier und spielte Chopin. Aber der Vicomte drängte zur Ruhe.

„Wir müssen morgen früh aufbrechen", sagte er. „Der Weg bis zu den Einständen des Schwarzwildes ist weit, die Meute muß taufeuchte Fährte haben. Lassen Sie sich von den Damen Glück wünschen, Baron, und träumen Sie von dem Bilde dort." Er wies lachend nach dem Gemälde, über das die riesigen Geweihschatten blinzelten.

Vicomtesse Hortense bot mir die Hand. „Also recht gute Jagd", sagte sie sanft; „und erleben Sie etwas Schönes, Ritterliches."

Vicomtesse Marianne drückte mir rasch, fast heimlich die Hand. „Und gesunde Heimkehr", flüsterte sie; „und träumen Sie von dem, was Sie morgen erleben werden."

Ich muß sagen, ich schlief sehr wenig, aber ich träumte sehr viel, wirr und rasch in jener schwülen Nacht. Ein

Bild kehrte immer wieder, wie in den flutenden Phantasien des Fiebers: ich selbst war der Keiler, von einer bissigen Meute bunter Packer gedeckt, der Vicomte war der Rüdemann und juchte die Hunde an, Hortense aber zückte den Stahl und trieb ihn mir ins Herz – mitten ins Herz, die Klinge noch grausam bis an die Parierstange nachstoßend ... Das sah ich mit verwünschter Deutlichkeit, wohl zwölfmal in der endlosen Nacht. Und wenn ich aufschrak und nach der Zeit sah, so waren drei Minuten verstrichen. Einmal schien es mir, als rührte jemand an meiner Tür. Es war aber wohl nur der seufzende Herbstnachtwind. Ich hatte schon genug Mitternächte und Geisterstunden in dem alten Schlosse verbracht um zu wissen, daß die Ahnen des Vicomte einschließlich des seligen Gaston de Foix aufgeklärten Gästen keine Besuche abstatteten, sondern lieber in den besseren Jagdgründen blieben – wozu man schließlich alle Ursache hat, wenn es endlich soweit gekommen.

Erst gegen Morgen schlief ich wirklich ein – um sehr bald geweckt zu werden.

Der Vicomte saß schon in der Halle beim Frühstück. Vor dem Schlosse scharrten die Rappen den Kies.

„Die Reitpferde habe ich vorausgeschickt“, erklärte der Vicomte. „Die Reitpferde?“ „Nun ja, ich habe Ihnen ritterliches Weidwerk versprochen. Wir jagen den Keiler nach alter Art.“ „Mit der Feder?“ „Mit der Feder“, nickte der Vicomte. „Und das zu Pferde?“ „Freilich. Die Feder wird wie eine Lanze im Bügelschuh getragen.“ „Ah, ich verstehe. Und wenn die Meute Standlaut gibt? ...“ „Steigt man ab und gibt der Sau den Fang.“ „Ausgezeichnet.“ „Sind Sie mit dem Gebrauch der Feder vertraut?“ „Nein, aber ich werde schon den richtigen Punkt treffen.“ „Das ist nicht so einfach. Sie müssen zusehen, daß die Sau Sie annimmt." „Ganz richtig. Sie muß sich selbst abfangen – muß in den Fang rennen." Der Vicomte nickte. Sie verstehen, was ich meine. Aber –" er sah mich von der Seite an – „ich übernehme keine Verantwortung. Wenn Sie vielleicht doch die Büchse vorziehen? ..." „Ich denke nicht daran. Wofür halten Sie mich?" „Für einen tapferen Kavalier", sagte er artig.

Der Baron trank wieder; die Erzählung schien ihn zu erregen.

„Es war eine herrliche Fahrt", fing er von neuem an; „eine herrliche Fahrt durch ein märchenhaft schönes Revier. Mächtige Hochwälder mit dichtem Unterwuchs zogen sich rechts und links der Fahrbahn hinan. Dann und wann überfiel Wild die Straße, Rehe, eine Rotte Sauen, ein geringer Hirsch. Die Landschaft leuchtete im schwersten Farbenprunk, rostrot die Buchen, lohgelb die Ahorne, dazwischen düstere Tannen, darüber ein süßer, tiefklarer Herbsthimmel, alles flitternd im Tau, leichte Nebelschleier in den tieferen Gründen – ach, unvergeßlich.

Endlich, oder vielmehr sehr bald waren wir beim Forsthause. Dort stampften schon die beiden Jagdpferde sich die bissigen Herbstbremsen von den Weichen, dort wartete die Jägerei mit der bunten Meute. Zuckend leidenschaftliche, grimmig muskulöse, sehnigtrockene und fast vierschrötige Rüden waren darunter, ein vielfarbiges Rassegemisch, wie mir schien, bis auf einige schnittige Terriers. Für die abliebelnde Hand hatten sie allesamt keine Zeit und Aufmerksamkeit. Es war ein Durcheinandergehechel und -gewinsel und -geschnappe und -geknurr, daß man lieber die Finger von den Köpfen ließ. Zumal einige schwere Rüden, an besonderer Koppel geschnallt, mächtig wie die sagenhaften Molosser, mit zuckenden Lefzen deutlich ihre Abneigung gegen jede Annäherung bekundeten.

„Die Packer", sagte der Vicomte. „Förster Durand meldet, daß ein besonders starker Keiler in der Dickung steckt, auf die ich Sie vorhin aufmerksam gemacht. Dem soll es gelten."

Er langte vom Wagen die beiden mitgebrachten Saufedern und reichte mir deren eine. „Liegt die Ihnen? Ist sie Ihnen nicht zu schwer?" Ich wog die Waffe in der Rechten. „Nicht im geringsten." „Schön. Also, passen Sie auf, Baron. Sie ergreifen die Saufeder so – mit der Linken natürlich vor der Rechten, nicht krampfhaft fest, nicht zu locker – so, sehen Sie, ganz richtig. Sie knien nieder, wenn Sie die Sau anrennen lassen wollen, sonst haben Sie keinen Halt. Aber so, daß Sie augenblicklich aufspringen können – schon gut, Sie machen es wie ein Alter, mein Kompliment. Und sofort loslassen, wenn der Keiler einmal das Eisen bis ans Holz im Leibe hat. Dann ist er verloren und wehrlos. Übrigens ich bin ja bei Ihnen. Also, en avant!"

Ich besah mir die primitive Waffe. Es war nicht die erste Feder, die ich in der Hand hielt, aber doch jedenfalls die erste, die ich führen sollte. Damals verstand ich wenig von der Beschaffenheit einer solchen Klinge; heute kenne ich mich besser aus. Heute weiß ich, wie man eine taugliche Feder herstellt und aufsetzt oder schäftet. Heute!"

Der Baron lachte eigentümlich vor sich hin.

„Der Vicomte ließ mir nicht Zeit zu langen Prüfungen. Er saß schon im Sattel, ich beeilte mich, im gleichzutun. „Wenn der Zeitpunkt gekommen ist, brauchen

Sie bloß dem Pferde die Zügel auf den Hals zu legen und abzusteigen", sagte er. „Es bleibt stundenlang stehen."

Wir ritten auf dem Wege, den wir gekommen, zurück, indes die Jägerei mit der Meute nach rechts abzog. „Sie werden die Finder auf den Einwechsel des Keilers legen", erklärte der Vicomte; „die Packer werden erst geschnallt, wenn die Finder Hals geben."

Nach einiger Zeit bogen wir nach rechts ab. Vor uns lag eine mächtige Laubholzdickung, hoch überragt von einigen gewaltigen Überständern, Rotbuchen und Tannen. Der Vicomte hielt sein Pferd an. „Hier müssen wir warten", sagte er.

Der Tau klopfte von den Büschen, ein Hase huschte über die Bahn, einige Häher kamen im leichten Winde angetrieben und schwenkten trätschend ab, als sie unserer ansichtig wurden. Über uns der blaugoldige Himmel; quer über den Weg die Schleier des Altweibersommers, perlenfunkelnd im Sonnendunst; ein Jägertag, wie er nie schöner aufging.

Lange, lange blieb es still. Die Pferde schlugen nach den goldgrünen Fliegen. Plötzlich, in weiter Ferne, der helle Hals eines Hundes. „Bijou", sagte der Vicomte aufhorchend; „er hat ihn, wie immer."

Die Jagd kam näher, anderes Geläut schlug bei, immer mehr Hälse, eine hinreißende Musik. Der Vicomte drehte sich nach mir herum. „Was sagen Sie dazu, Baron?"

Aber gleich lauschte er wieder. „Achtung. Die Packer schlagen bei. Da, der tiefe Baß, das ist Ajax, der weiße mit den lohgelben Platten ... Jetzt wird's Ernst."

Die Jagd wandte sich noch einmal, ein Hund jaulte auf, dann kam das vielstimmige Geläut näher, man vernahm schon das Juchen der Jägerei – plötzlich überfiel der Keiler auf Büchsenschußweite vor uns die Bahn, gefolgt vom gelbbraunweißen Gewimmel der Meute.

„Er ist unser!" rief der Vicomte; „mir nach!" Und in dumpfem Galopp folgten wir der Hatz.

„Er geht auf die Heide hinaus", schrie mir der Jagdherr zu; „schnell, schnell!"

Herrschaften, das war ein Todesritt, ein toller Galopp! Die Äste fegten mir ins Gesicht, die Feder war mir hinderlich, die Stämme schwindelten nur so an mir vorbei. Gott sei Dank, es wurde lichter vor uns, die sonnbeglänzte Heide, eine Art Trockenmoor, gab dem Galopp mehr Raum, wir rückten der Hatz auf. Oder nein – die Hatz war schon zum Stillstand gekommen, wahrhaftig, der Keiler war gedeckt!

„Jetzt schnell, schnell!" rief der Vicomte. „Steigen Sie ab! A vous!"

Ich glaube, ich fiel mehr vom Pferde als ich heruntersprang. Riß die Saufeder aus dem Bügelschuh ... Dann los auf das Wild. Nach dem Vicomte sah ich mich nicht um. Nach nichts hätte ich mich umgesehen. Nicht einmal nach einer feindlichen Schützenkolonne ... Das ist Jagd!

Nie könnte ich das prachtvolle Bild vergessen, das sich mir bot! ... Wirklich ein Bild dessen, was Jagd heißt und Jagd ist ... Ein grauenhaft schönes Bild ... Inmitten der jaffenden, schnappenden, in ohnmächtiger Wut durcheinanderwirbelnden Meute der Keiler, das Urwild ...

Schaum im Gebrech, maßlos tückisch die funkelnden Lichter ... Eine Verkörperung der Kraft und Freiheit ... Neben ihm wandt und schnellte sich Ajax im Heidekraut, im Verenden noch nach dem Feinde schnappend ... In den Bug des Vorderlaufes hatte sich ein anderer der riesigen Packer verbissen, in der Rückenschwarte hing geifernd ein dritter, bunter ... Dazu ringsherum der kläffende Tanz der Finder, die nur dann und wann giftig zufaßten, um sofort zurückzuschnellen ... All das gesehen in der Zeit eines schnellen Herzschlags ...

Denn mehr Frist ließ mir der Basse nicht. Ich brauchte ihn nicht erst zu reizen ... Mit einem einzigen Kreishiebe schlug er den gelben Packer ab, daß er aufjaulend zur Seite rollte. Was dann geschah, weiß ich kaum mehr. Ich fühlte nur noch, wie die Klinge dem Angreifer ins Leben fuhr. Wie plötzlich der Schaft der Feder mit einem spröden Krache barst und ich mit hilflosem Stumpf vor dem Keiler kniete ... umgerissen wurde. Ein feuriger Schmerz vom Knie bis zur Hüfte, tausend aufschwärmende Gedanken, Heimat, Krieg, Marianne, mein Traum ... Dann purpurne Finsternis."

Der Baron machte die notwendige Kunstpause. Niemand fragte. Der lange Willy tat einen hörbaren Schluck.

„Marianne hat mich mit rührender Aufmerksamkeit gepflegt", schloß der Baron, sich über die Stirne fahrend; „ich sehe noch ihre sanften, traurigen Augen über mir. Auch der Vicomte und Vicomtesse Hortense erwiesen mir viel Liebes in dieser dumpfen Zeit. Ich darf mich nicht beklagen. Von Krieg natürlich keine Rede. Der Basse hatte es mir so gut besorgt wie ein Granatsplitter. Am Tage der Jagd war meine Berufung zur Front eingetroffen. Als ich so heil wurde, um am Krückstock herumlahmen zu können, war Paris fast schon verhungert ... Die

Wunde schloß sich, aber es blieben böse Narben; sehr böse, häßliche Narben. Lassen wir das. Meine eigene Schuld schließlich. Man führe keine fremde Waffe …

Marianne lebt noch. Im Kloster. Die Vicomtesse Hortense hat sich von ihrem Gemahl scheiden lassen. Das Gewaff des Bassen habe ich daheim; ein Medaillon von Marianne auf meiner Brust. Den Vicomte habe ich mal in Baden Baden wiedergesehen. Er war herzlich, kühl und reiste am nächsten Tage ab. Sonst hätte ich es getan. Das ist der Epilog zur Geschichte. –

Keiner fragte, keiner sprach. Nur der lange Willy trank sein Glas endgültig leer, nickte vor sich hin und seufzte: „Dunnerwetter, ja“

WILD UND HUND Nr. 8/1915

„Urubu"

Von Ha.

So nannten wir einen urigen, wehrhaften Keiler, einen wanderlustigen echten Eingänger, der in seinem Reich ausgedehnter und ruhiger Wälder Pommerns in weitem Umkreise seine Fährte zog. Wo er auftauchte, schlugen die Jägerherzen schneller. Ungezählte Stunden tags und nachts wurden ihm geopfert. Von wunderlichen Zufällen, von verpaßten Gelegenheiten wissen die Jäger dort viel zu erzählen. Und wem Urubu vor die Büchse lief, den packte und schüttelte das Jagdfieber, mochte es ihm bis dahin auch ganz unbekannt gewesen sein. Aus manchem abgebrühten, verwöhnten Waidgenossen wurde bei seinem Anblick ein fieberndes, zuckendes Nervenbündel.

So kam es, daß Urubu alt und älter wurde. Im Laufe der Jahre bildete sich um ihn ein wahrer Sagenkreis. Ob Grünrock, Holzhauer oder Landarbeiter, sie alle kannten ja seine Fährte oder waren ihm schon begegnet; Erlebnisse, die sich im allgemeinen alle ähneln mögen, jedem aber unvergeßliche, köstliche Erinnerungen sind. Noch nie hatte ein Stück Wild, selbst der stärkste Hirsch nicht, eine solche Anteilnahme auch in den an der Jagd sonst wenig interessierten Kreisen erweckt. Urubu brachte es fertig.

Woher Urubu gekommen war, wußte niemand. Wahrscheinlich hatte ihn die Wanderlust aus einem weiter entfernten Revier nach hier verschlagen, in das er, weil es ihm in unserer Gegend nun besser behagte, nicht wieder zurückfand. Von seinem Dasein erhielten wir eines Spätsommermorgens Kenntnis. Wir waren von einer erfolgreichen Pirsch auf den roten Bock heimgekehrt und saßen plaudernd und frohgelaunt am Kaffeetisch. Da stolperte in heller Aufregung der Kuhhirte vom Gut über die Schwelle herein.

„Herr Förster, Herr Förster, ein Mordskeiler!“ Und mit einer Handbewegung deutete er dessen vermeintliche „Größe“ in Höhe der bekannten „Kommode“. Wir fuhren von den Stühlen hoch.

„Wo?“ „Eben vom Feld nach Jagen 17 rein, dicht bei mir“, rief außer Atem der alte Hirte. Auf den Alten war Verlaß. Seit frühester Jugend hatte dieser kein Treiben, keine Drückjagd versäumt und dabei allerlei erlebt. Wenn ihn nun was aus seiner schwer zu erschütternden Ruhe gebracht hatte, dann mußte das schon etwas Außergewöhnliches gewesen sein. Mochte der Kaffee kalt werden, der Magen nach Atzung knurren, wir folgten auf der Stelle dem Hirten.

An einer uralten, vom Blitz getroffenen und ausgebrannten Eiche stand die frische Fährte scharf abgedrückt vom Stoppelfeld über den lockeren Weg in den Wald hinein. Mit Staunen besahen wir ihre Stärke. Und bei näherem Betrachten und Ausgehen der Fährte fiel uns noch auf, daß das eine Geäfter am rechten Hinterlauf gespalten war und doppelten Abdruck zeigte. Das war fortan das sicherste Merkmal der Fährte Urubus, seine Visitenkarte, einmalig und auffallend unter den in diesen wildreichen Forsten gottlob noch nicht so seltenen starken Saufährten.

Am selben Tage stießen wir beim gründlichen Abspüren an einer Dickung im Jagen 13 abermals auf diese Fährte. Urubu mußte es bei uns gefallen haben, denn seitdem wurde er häufiger Gast in diesem weitläufigen, ungestörten und dickungsreichen Revier. Und seine Lieblingsdickung blieb die vom Jagen 13.

Tage später sitzen der Förster und ich inmitten hoher Buchen auf Sauen an. Als wir vom Forsthause aufbrachen, leuchteten uns noch die Sterne den Weg. Kaum aber waren wir am Stande angelangt, verfinsterte sich der Himmel, und ein Platzregen ergoß sich über uns, daß uns Hören und Sehen verging und wir vor Nässe nur so trieften. Den weiten Weg wollten wir aber nicht umsonst gemacht haben, so blieben wir eng aneinander gekauert sitzen. Der Regen läßt nach, hört ganz auf, und allmählich wird es auch heller. Wir freuten uns zu früh. Nebel kriecht durch die Stämme heran. Im Nu ist der Bestand ein wogendes, schmutzig graues Nebelmeer, aus dem nur die nächststehenden Stämme unwirklich riesenhaft herausragen. Und ganz leise, ganz fein rieselt wieder der Regen. Fröstelnd rücken wir mehr zusammen. Unsere Laune ist dahin, Gelangweilt starren wir in den Dunst. Von den Buchen knallen unablässig dicke Tropfen in das Laub, sonst ist nichts zu hören.

Doch da taucht plötzlich ein Schatten auf, verzerrt und übergroß in den dichten Nebelschwaden. Gespenstisch lautlos huscht ein starkes Schwein an uns vorüber. Der Förster reißt die Büchse hoch, bemüht sich, den Keiler mit dem Zielfernrohr zu fassen, aber bei dem trüben Licht und der Nässe ist es ein unmögliches Beginnen, das Glas beschlägt sofort. Schon ist der Schatten in ein Nichts zerflossen.

Dieser erregende Anblick hat uns aufgemuntert. Voller Ungeduld erwarten wir das Büchsenlicht. Endlich können wir der Fährte folgen. Tief und breit sind die Eingriffe im nassen Laub. Auf einem Holzabfuhrwege erkennen wir die Fährte. Das war unsere erste Begegnung mit Urubu.

Die Rauschzeit nahte. Mitte Dezember fiel die erste Neue. Die nur spärliche Decke ermöglichte wenigstens eine nächtliche Pirsch bei Mond. Auf einer Dauerweide nahe am Waldrand traf ich eine Rotte an. Leicht hätte ich einen der Überläufer erlegen können. Ich tat es nicht, weil ich abwarten wollte, ob sich nicht noch ein Keiler zu der Rotte schlagen würde. Vorsichtig pirsche ich am Rande einer Dickung entlang, bis dort, wo sie endet und hohes Holz sich anschließt, als ein Schwein polternd und blasend aus der Dickung fährt und in wilden Fluchten über das Feld abgeht. Es war Urubu. Um vielleicht nur eine Minute kam ich zu früh.

Der Januar brachte dann scharfen Frost, ergiebigen Schneefall und mondhelle Nächte. Um auf Füchse zu passen, konnte es für uns kein besseres, willkommeneres Wetter geben. Die erste Nacht bricht herein. Taghell ist sie. Förster L. und ich wollen gemeinsam pirschen. Wir werfen die Schneehemden über, und nach einem herzhaften Schluck auf ein glückliches Gelingen schliefen wir aus dem warmen Bau. Hui! Über das blanke Schneefeld fegt ein eisiger Ost. Vom Walde her braust es hohl. Unangenehme Musik für die Ohren des Forstmannes, der mit Sorgen an den drohenden Windbruch denkt. Unter unseren Tritten knirscht der Schnee. Die Drähte der Leitungen summen, an den Masten knistern Funken. Brr, starrende Kälte! Einsam liegt das weite Feld; das Wild drängt an die Fütterungen im geschützten Bestande. Selbst die wachsamen Hunde vom Gut, durch das wir hindurch müssen, lassen uns unbehelligt, sie knurren nur aus ihren mit dichten Strohbündeln umkleideten Hütten heraus.

Knietief liegt der Schnee. Nur mühsam ist vorwärts zu kommen. Einzelne in der Schneewüste verlassene und wie erstarrt stehende sturmgebeugte, armselige Weidenstümpfe zeigen, daß hier ein Feldweg läuft. Der Sturm faßt uns mit ganzer Wucht. Weiße Wolken wirbeln um uns und schlagen beißend ins Gesicht. Vom Atem ist das Schneehemd zur steifen Hemdbrust gefroren. Erleichtert atmen wir auf, als wir uns in den Schutz einer im Felde liegenden Scheune drücken und wenige Herzschläge lang verschnaufen können. Und wieder geht es gegen den Sturm, durch die Schneewehen, bis wir endlich als unser Ziel die durch einen langgestreckten Hügelzug vor der Ostluft geschützte Waldecke erreichen, wo immer viel mit Füchsen los ist, und wo wir es zuerst versuchen wollen.

Hart ans Feld grenzt eine große Dickung. An ihr schleichen wir entlang, mit dem Glase immer wieder vorfühlend, ob nicht im Schatten des Waldes ein Rotrock heranschnürt. Nichts. Aber hier ist ganz frisch ein starker Keiler aus der Dickung auf das Feld hinaus. Ob es Zweck hat, der Fährte zu folgen? Weshalb nicht, meint L., möglich, daß der Keiler noch in der Nähe und zu fassen ist. Wir gehen der Fährte nach. Und in einer Senke, in die wir zuerst nicht einsehen konnten, zeigt sich ein schwarzer Strich. Halt! Da ist er! Näher heran! Das Heulen des Sturmes erleichtert uns das Herankommen, übertönt das Knirschen der Tritte. Aus dem Strich wird ein Klumpen, ein mächtiger Keiler. Schwarz ragen um ihn herausgebrochene Erdschollen. Eisiger Ost? Bittere Kälte? Wir spüren nichts mehr, denn vor uns steht ein Hauptschwein, Urubu! L. tritt hinter mich und legt auf meiner Schulter auf. Aber bange Minuten haben wir noch zu überstehen. Am Waldrande kracht und splittert es. Eine Tanne fällt unter der Last des Schnees und Rauhreifs, Urubu wirft auf und sichert.

Ob er aushält? Aber die reglosen, gut getarnten Gestalten am Hang vermag er nicht zu eräugen. Auch werfen wir nur geringe Schatten, da der Mond hoch über uns steht. Urubu beruhigt sich wieder, bricht weiter und stellt sich jetzt auch günstig. Nun ist keine Zeit zu verlieren. Ein Feuerstrahl, der Schuß ist raus. Im gleichen Augenblick ist ein peitschend heller Kugelschlag zu hören. Der Schnee stiebt auf und der schwarze Riese jagt in gewaltigen Fluchten dahin, wirbelnde Schneewolken um sich, die der Sturm packt, über die glitzernde Fläche hetzt und zerfetzt. Ein mitreißendes, unvergeßliches Bild! Urubu fällt nicht, nein, er wird immer schneller und ist bald in der bergenden Dickung verschwunden. Am Anschuß fanden wir weder Schweiß noch Schnitthaare noch Knochensplitter. L. hatte sich durch den schwarzen Untergrund täuschen lassen und war zu tief abgekommen. Die Kugel hatte eine steinhart gefrorene Erdscholle in der Mitte gefaßt und zersplittert.

Urubu mied wochenlang das Revier. Erst in der Übergangszeit fährtete ich ihn wieder auf einem alten Schwarzwildwechsel, der vom Felde her durch ein Birkenbruch, kleinere Dickungen und Mischwald in Dikkung 13 führte. Der Ansitz am Feldrande bot keinerlei Aussicht, deshalb setzte ich mich etwa 100 m vor der Dickung im hohen Holz an. Vor mir zog sich der ausgetretene Wechsel, hinter mir breitete sich ein undurchdringliches Gewirr von Buchenanflug, üppig wuchernden Dorn- und Himbeerbüschen. Der Morgen war wunderbar klar und sichtig. Kein Lüftchen regte sich. Und bezauberndes Schweigen lag über dem Walde.

Wie lange ich saß, weiß ich nicht. Aus einem wohligen Dahinträumen schreckte mich fernes, leises Rascheln im Laub, das näher kam, stärker und eindringlicher wurde. Noch ist kein Büchsenlicht, nur undeutliche Umrisse kann ich erkennen. Eine Rotte Überläufer wechselt heran und vorbei nach der Dickung zu. Dann ist es wieder still. Das

Dunkel entweicht, der junge Tag steigt herauf. Und weil alles still bleibt, Schwarzwild schon durchgewechselt und anderes Wild auch nicht zu sehen ist, glaube ich, hier überflüssig zu sein. Da überkommt mich mit einmal das unbehagliche Gefühl, als sei ich nicht allein, als würde ich beobachtet. Wie unter einem Zwange drehe ich mich langsam um und – starre entgeistert auf einen gewaltigen, eisgrauen Schädel mit blitzendem Gewaff.

Nur etwa zwanzig Schritte hinter mir steht Urubu in dem dichten Gestrüpp eines breiten Dornbusches. Unbehagliche Situation! Ich darf mich nicht bewegen. Den Kopf nach hinten verdreht, die Büchse auf den Knien, suche ich verzweifelt nach einem Ausweg. Mit einem Blick erkenne ich die Lage. Das Spiel ist für mich verloren. Denn nirgends ist freies Schußfeld, flüchtig also nicht zu schießen. Nur wenige Fluchten hätten genügt, und von Urubu wäre nicht mal mehr der Bürzel zu sehen gewesen. Urubu schiebt den Schädel noch weiter vor, unter kräftigem Blasen holt er angestrengt Wind. Sekunden höchster Spannung! Mir beginnen die Knie zu zittern. Die Erregung, die sich meiner bemächtigt hat, kann ich kaum noch meistern. Behutsam, Zentimeter um Zentimeter, versuche ich, die Büchse nach vorn und in Anschlag zu bringen. Der Versuch mißlingt.

Wuff! Blitzschnell verschwindet der Schädel. Poltern und Krachen verraten mir, welchen Weg Urubu nimmt. Ich springe auf und zur Seite. Leider kann ich nichts sehen. Pech!

Mit dem Frühling hatte auch Urubu wieder seinen Einzug gehalten. Er blieb wochenlang. Obwohl alles auf den Läufen war, der gerissene Basse ließ sich nicht ankommen. Stets wechselte er dort, wo man ihn nicht vermutete. Meist trat er erst bei schwindendem Büchsenlicht aus. Wiederholt sahen wir ihn schon im Felde, wenn die Sonne unterging, ihre Strahlen sich in den Stämmen am Walde verfingen, aus dem wir ihn erwarteten. Bei einem so starken Eingänger nicht verwunderlich. In den Morgenstunden war es nicht anders. Urubu schlug uns ein Schnippchen nach dem andern. Holzhauer und Landarbeiter sahen ihn oft noch im Walde oder auf dem Acker gemütlich brechen, wenn die Sonne schon hoch am Himmel stand und wir vom Ansitz und von der Pirsch längst daheim waren. Und harrten wir auf unseren Ständen stundenlang aus, dann mußten wir hinterher beim Abspüren feststellen, daß Urubu schon vor Tagesgrauen eingewechselt war.

An die Dickung 13 schloß sich eine Eichenschonung an, in deren Mitte sich auf einer mit hohem Gras und Farnkraut bedeckten Blöße eine von Urubu gern angenom-

Vor den Schützen. (Gemälde von Ch. Kröner)

mene Suhle befand. Eine stille, verschwiegene Ecke. Hier glaubte ich in einer mondhellen Nacht auf Urubu am ehesten zu Schuß kommen zu können. Es war einen Tag vor Vollmond und das klare Wetter meinem Plan auch günstig. Vor Sonnenuntergang fand ich mich dort ein, erkletterte eine Buche am Rande der Blöße, suchte mir einen Ast mit Rückenlehne und glaubte nun, es stundenlang in dieser luftigen Höhe recht bequem und gemütlich aushalten zu können. An jenen Abend denke ich heute mit mächtigem Respekt zurück. Mein Vorhaben miß-glückte natürlich glänzend. Nicht, daß Urubu ausblieb, er kam, aber ehe er anwechselte, waren Stunden verstrichen. Mir schmerzten sämtliche Glieder, und so steif war ich geworden, daß ich mich in dem schwankenden Astwerk kaum noch zu halten vermochte. Dazu enttäuschte mich bitter das jammervoll spärliche Mondlicht.

Von Urubu ließ es mich nur einen undeutlichen, verschwommenen und schon mehr bärenhaften Schatten sehen. Was wollte ich nun machen? Ich mußte mich gedulden, bis Urubu unter behaglichem Grunzen sein Bad genommen hatte. Auf keinen Fall durfte und wollte ich ihn von diesem Plätzchen vergrämen, von dem er sich auch gar nicht trennen zu können schien. Lange noch muschelte er in den Eichen herum. Und als ich ihn schon davongezogen wähnte, stand er zu meinem Schrecken wieder auf der Blöße. Allmächtiger, jetzt steigt das zweite Bad, stöhnte ich auf. Doch nein, er trollte davon. Endlich konnte ich abbaumen. Ein Wunder, daß ich heil unten anlangte. Kreuzlahm, mit steifen, schmerzenden Gliedern humpelte ich heim. Nie wieder, schwor ich mir.

Eines schwülen Sommerabends sitzt der Jagdherr von B. an einem Kleeschlag, auf den aus einem angrenzenden großen Weizenfeld ein starker Bock auszutreten pflegte. In diesem Jahre war die Mückenplage unerträglich. Wo man auch saß, im Felde oder im Walde, ständig war man von Legionen dieser Quälgeister umschwärmt. Obwohl v. B. qualmte wie ein Fabrikschlot, die Wolken um ihn wurden immer dichter. Da schiebt sich aus dem Weizen statt des erwarteten Bockes Urubu. B. ist verblüfft, gerät etwas aus der Fassung, vermag sich aber gleich wieder zur Ruhe zu zwingen. Schnell wirft er seine Pfeife beiseite und zieht die Büchse ein. Aber seine Hände, sein Gesicht und Nacken sind im Nu schwarz voller Mücken. Gegen diesen Überfall ist B. machtlos. Unmöglich ist es, die Büchse ruhig zu halten, geschweige denn den Keiler in das Zielfernrohr zu bringen. Eine unbewußte Abwehrbewegung – und Urubu ist im Weizen verschwunden. Mit einem kräftigen Donnerwetter fährt B. von dem Sitzstock hoch, schlägt wütend um sich und trollt sich arg zerstochen heimwärts.

Als wir Urubu nach einer Neue in der Dickung 13 festgemacht hatten und wir zufällig auch genügend Schützen waren, entschlossen wir uns, es zum ersten Male mit eine Drückjagd zu versuchen. Erfahrene Waldarbeiter wurden als Treiber hinzugezogen. An die Dickung 13 reihte sich, durch ein langes und schnurgerades Gestell abgeteilt, die Dickung von Jagen 14, die mit der Breitseite ans Feld grenzte. Das Treiben mußte nun so gehandhabt werden, daß Urubu über das Gestell nach 14 gedrückt wurde, wo wir ihn dann auf den Schmalgestellen gut abfassen konnten. An der Feldkante postierten wir einen Treiber, der durch Lärmschlagen ein Ausbrechen Urubus ins Feld hinaus verhindern sollte.

Das Treiben beginnt. Ich stehe am langen Gestell zwischen den Dickungen, an meinem Stand mündet aus Dickung 14 ein früherer schmaler, gewundener Holzabfuhrweg, ein viel belaufener Schwarzwildwechsel. Die Treiber werden laut. Sauen im Treiben! Der Lärm ebbt ab und verklingt ganz. Noch fiel kein Schuß. Gespannt warte ich auf das zweite Treiben. Da ertönt auch schon das Signal, daß Dickung 14 vorgenommen wird. Der Lärm der Treiber setzt wieder ein, schwillt an. Deutlich höre ich die Rufe: Achtung, Sauen!

Bei mir muß was kommen. Ich schlage die Büchse an, da trollt aus dem Bogen des schmalen Weges auch schon ein Keiler heran und verhofft jäh vor mir. Kurz entschlossen halte ich auf den Stich und lasse fliegen. Der Keiler rutscht im Feuer zusammen. Jetzt kracht's auch beim Nachbarschützen. Nahe an der Feldkante dröhnt ein dritter Schuß auf. Danach wird es still, die Treiber sind verstummt, das Treiben wird abgeblasen.

Der von mir gestreckte Keiler war etwa vierjährig. Der Nachbarschütze holte aus einer Rotte einen Überläufer heraus. Und Urubu? In der Dickung querte er die Treiberkette und versuchte durchzubrechen. Durch das wilde Schreien der Treiber abgeschreckt, wollte er sich nun in einem Graben, der am Ende der Dickung aufs Feld hinausgeht, aus dem Treiben stehlen. Der dort stehende Schütze von W. sah aber in dem hier lichteren Dickungsteil, wie Urubu den Graben verließ und dem Felde zustrebte. Leider verschätzte er sich dann in der Entfernung und hielt zu weit vor, so daß die Kugel Urubu nur am Halse streifte. Am Anschuß lagen lange und längste Schnitthaare, die sich der humorvolle v. W. als Erinnerung an Urubu einzeln aufsammelte mit der Bemerkung, den übrigen Teil der Schwarte hole er sich gelegentlich.

Danach war es eine Weile still um Urubu. Eines Tages brachte man uns die Kunde, in einem entfernteren Revier sei ein sehr starker Keiler, sicher Urubu, geschossen worden. Wir wollten es nicht glauben und setzten uns mit dem dortigen Forstmeister in Verbindung. Urubu sei es nicht gewesen, meinte er, er selbst laufe noch genau so eifrig hinter ihm her wie wir auch. Leider sei es ihm lange nicht vergönnt gewesen, mit dem schon fast sagenhaften Keiler zusammenzutreffen, nur dessen Fährte zeige ihm, daß er wirklich noch existiere.

Noch oft wurde Urubu totgesagt, aber wir hatten jedesmal gut lachen, denn gerade an diesen Tagen hatte er sich immer in Dickung 13 eingemietet.

Trocken und heiß ist der Sommer. Menschen und Tiere lechzen nach Abkühlung und Regen. In den frühen Vormittagsstunden pirsche ich einen Mischbestand mit viel Unterholz, hohem vertrocknetem Gras und eingestreuten kleineren Wiesen ab, um einen Bock auf seinem dummen Gange zu erwischen. Wie tot liegt der Wald. Unbarmherzig brennt die Sonne hernieder. Backofenhitze flirrt und flimmert zwischen den Stämmen. Kein Stück Wild ist im Gange. Alles steckt offenbar im Felde. Auf dem Heimwege komme ich an einem fast ausgetrockneten Tümpel vorbei, der den Sauen bisher als Suhle diente.

Ich trete näher, um festzustellen, ob noch Wasser in ihm ist, da sehe ich ein Schwein in der Suhle liegen, langgestreckt, bewegungslos. Ich pfeife kurz. Die Sau rührt sich nicht. Als ein zweiter Pfiff wieder ohne Wirkung bleibt, brülle ich laut, und das Schwein wird schwerfällig und taumelnd hoch. Auf den ersten Blick erkenne ich, daß ich ein krankes, stark abgekommenes Stück vor mir habe, das unbedingt geschossen werden muß.

Dieser Fall bereitete uns schwere Sorgen. Die Untersuchung ergab, daß das Schwein von der Pest befallen war. Nun war guter Rat teuer, nun galt es, Abwehrmaßnahmen zu treffen, um ein Übergreifen der Seuche, die in einem 8 km entfernten Revier ausgebrochen war, auf unseren Saustand zu verhüten. Nur rigoroser Abschuß aller verdächtigen Stücke konnte da helfen. Tag und Nacht pirschten wir oder lagen wir auf der Lauer. Manche kranke und anfällige Sau erhielt die Kugel. Und wir hatten mit viel Glück besten Erfolg. Ehe die Seuche sich festsetzen und um sich greifen konnte, war sie schon eingedämmt.

Und gerade in diesen unruhigen Tagen kehrte Urubu von einer Wanderung heim. Er kam uns höchst ungelegen. Dieser Basse durfte der Seuche nicht zum Opfer fallen und tief drinnen in einer Dickung verludern. Ihm sollte eine saubere Kugel das Ende bringen, ein schmerzloses, leichtes und schnelles Ende. Der Jagdherr schlägt vor, unseren braven Fox, einen vorzüglichen Saufinder, in 13 hineinzuschicken und Urubu durch ihn aus der Bürstendickung herausdrücken zu lassen.

Wir stehen auf einer schmalen Schneise, die 13 durchschneidet. Der Hund wird geschnallt und fällt eifrig die Fährte an. Bald gibt er wütend Hetzlaut, dem Standlaut folgt und wieder Hetzlaut. Die Hetze nähert sich dem Teil der Schneise, auf dem der Jagdherr steht. Er winkt. Ich eile zu ihm, um das Schauspiel miterleben zu können. Gespannt blicken wir die Schneise hinunter. Aber der Hetzlaut wird schwächer und verliert sich nach der entgegengesetzten Seite. Feines Knistern dürrer Tannenzweige läßt uns aufhorchen. Was war das? Wo war es? Wir blicken um uns.

Da geht Urubu dicht bei uns über die Schneise, kerngesund, wuchtig, ein Bild urwüchsiger Kraft. Zum Schuß war es zu spät. Der Anblick genügte uns auch, wußten wir doch nun, daß Urubu gesund war. Wir empfanden nicht den leisesten Groll, daß er sich wieder auf stillen Sohlen davongestohlen und der kleine, tapfere Fox am verkehrten Keiler seine Kunst bewiesen hatte.

Bei der nächsten winterlichen Drückjagd mit starkem Aufgebot an Treibern und Schützen kam Urubu an dieser Stelle einem Jagdgast vor die Büchse. In langen Fluchten überfiel er das Gestell, der Schütze wurde nicht fertig, sein nachgeworfener Schuß saß auf einer Tanne. Wie der Gast erzählte, hatte nicht das leiseste Geräusch das Nahen des Keiles angekündigt. Erst als Urubu am Rande der Dickung zum Sprunge ansetzte, krachten die Zweige, da war es aber schon zu spät, um auf den in voller Fahrt befindlichen Keiler noch abkommen zu können. Und wie er hier noch hätte Feuer reißen können, das wisse er selbst nicht, das hätten seine zappelnden Nerven zuwege gebracht.

Okuli! Ich saß an einer Eichenschonung, dem Ausläufer von 13, auf Schnepfen. Es ist noch heller Tag, als Urubu aus der Dickung tritt und recht geruhsam vor mir hinbummelt. Mit der Schrotspritze in den Händen schaue ich ihm langen Gesichts nach. Was half es, daß ich an den anderen Abenden den Drilling führte. Solche Gelegenheit bietet sich nur einmal, sie kommt nie wieder, höchstens dann, wenn man sie abermals nicht nutzen kann, verpassen muß.

Und doch kam ich auf Urubu noch zu Schuß. Im werdenden Büchsenlicht schiebt sich da aus dichtem Unterholz ein Keiler, den ich an seinen Maßen gleich als Urubu ansprechen kann. Urubu, jetzt gilt's! Ein Glück, daß er nur langsam näher zieht. So klingt die als Reaktion auf das unerwartete Zusammentreffen nicht ausgebliebene Erregung etwas ab. Als er auf gleicher Höhe mit mir ist, sehe ich im Fernrohr nur schwarz in schwarz. Und über Kimme und Korn ist auch nichts zu wollen, weil das Licht noch zu schwach ist. Ich muß den Keiler weiter weglassen. Da bekomme ich ihn gut ins Glas. Ein leiser Pfiff! Urubu verhofft. Ich halte den Atem an, das Fadenkreuz sticht ins Blatt, der Finger krümmt sich. Urubu wirft sich herum, ab geht die Fahrt, dumpf dröhnend hämmern die starken Läufe den Boden.

Urubu blieb quietschgesund. Ich hatte ihn „überschossen“. Die Kugel verschlug sich schon dicht vor mir an einem herabhängenden dicken Zweig und saß meterhoch in einem Stamm.

Altweibersommer! Von der Morgenpirsch heimgekehrt, erwarte ich ungeduldig meinen Bruder, bei dem ein Schuß gefallen war. Ich stehe im Forsthaus am offenen Fenster und lasse die prächtige, sonnendurchleuchtete Landschaft auf mich wirken. Vielstimmig jubilieren die Vögel, hoch am Himmel kreisen Bussarde, der Rote Milan blockt auf dem Gartenzaun auf und streicht wieder ins Feld hinein. Eichelhäher spektakeln, Eichkater schnurren die Kiefern auf und nieder, über dem vielfarbigen Blumenmeer flattern im wirbelnden, anmutigen Tanz buntscheckige Schmetterlinge, summen emsige Bienen und Hummeln. Natur, wie bist du schön!

Da erscheint mein Bruder. Schon von weitem ruft er mir zu: „Urubu liegt!“ Ich lache. „Nein, nein, ich spaße nicht, Urubu liegt tatsächlich“, sprudelt er glückstrahlend heraus. Donnerwetter, ich bin sprachlos. Das Forsthaus steht Kopf. Urubu hat’s erwischt! Der Draht spielt. Bald ist auch der Jagdherr zur Stelle.

Und dann setzen wir uns, auch der auf Arbeit begierige Fox, nach Jagen 12 in Marsch, wo an diesem sonnigen Morgen Urubu sein Leben gelassen haben sollte. Schweigend legten wir den Weg zurück, jeder hing seinen Gedanken nach, in allen fieberte erwartungsvolle Spannung. Am Anschuß liegt blasiger Lungenschweiß in Menge. Diese Rotfährte zu arbeiten, ist für Fox ein Spaziergang.

Nach knapp vierzig Metern ruft der Hilfsförster: „Hier liegt er ja!“ Wir eilen hinzu – und die erregte Spannung entlädt sich in einem befreienden Gelächter, denn wir stehen vor einem nur dreijährigen Keiler. Für meinen Bruder war es natürlich eine bittere Enttäuschung, doch fand er sich schnell darein. Nur wollte es ihm nicht in den Kopf, wie er sich so hatte täuschen lassen. Er führte es auf den Dunstschleier zurück, der über den Himbeeren lag und aus dem Hosenflicker einen Urubu machte. In Wirklichkeit war es anders gewesen. Mein Bruder hatte sich nicht getäuscht, sondern den Keiler tatsächlich vor sich gehabt. Als ich mich am Anschuß genauer umsah, entdeckte ich die ruhige und die flüchtige Fährte Urubus. Urubu zeigte sich zuerst, stand breit, drehte sich dann, ehe mein Bruder zu Schuß kam, zog weiter und verschwand schließlich in einer Senke, verdeckt durch die hohen Himbeerbüsche. An einer Stelle tauchte nun etwas näher heran der Hosenflicker auf, von dessen Anwesenheit mein Bruder keine Ahnung gehabt hatte. Auch dieser war verdeckt und zeigte nur das Blatt. Ihm trug mein Bruder nun die Kugel an, während Urubu zwanzig Schritt weiter ruhig brach.

Ich behielt mein Wissen für mich. Verpaßt ist verpaßt. Und mag man hinterher auch noch so sehr die Hände ringen, sich selbst den größten Dummkopf schimpfen, damit wird nichts geändert, nichts gebessert, kein Urubu am Bürzel zurückgeholt! Wir ahnten nicht, daß keiner von uns Urubu jemals wieder vor die Büchse bekommen sollte. An diesem Morgen wurde die letzte Gelegenheit, den seit Jahren stärksten Keiler zu strecken, verpaßt.

Dem Leben auch des vorsichtigsten Eingängers ist einmal ein Ende gesetzt. Auch Urubu blieb von dem Schicksal, durch eine winzige Kugel aus seinem Keilerdasein gerissen zu werden, nicht verschont.

Der Notwinter 1928/29, der mit bitterster Kälte und andauernder hoher Schneelage eine Schreckens- und Leidenszeit für das Wild war, wurde ihm zum Verhängnis. Er war kein Freund von Fütterungen, er zog weiter einsam seine Fährte. Der Mangel an Fraßgelegenheiten zwang ihn nun, Reviere aufzusuchen, die er vordem gemieden hatte. Und von einem solchen Ausflug in Neuland kehrte er nicht wieder heim. Auf einer schmalen Feldjagd traf in mondheller Nacht eine Kugel sein Herz, löschte sei Leben aus. Urubu wurde totgesagt. Diesmal war er es wirklich.

Seinem glücklichen Erleger, der als kostbarste Erinnerung ein kapitales, mehrfach ausgezeichnetes Keilergewaff sein stolzes Eigen nennt, an dieser Stelle nochmals ein kräftiges Waidmannsheil!

WILD UND HUND Nr. 47/1937

Zwei Keiler

Von Oberförster Walter Frevert

„Kommen Sie bitte sogleich mit Ihrem Schweißhund hierher, um einen groben Keiler nachzusuchen", so wurde ich eines schönen Morgens von einem Nachbarrevier antelephoniert. „Von meinen beiden schönen Rauhhaarteckeln, mit denen ich die Nachsuche heute früh aufgenommen hatte, ist einer bereits so schwer geschlagen, daß er verendet ist, und der andere wird augenblicklich wieder vom Tierarzt zusammengeflickt."

Na, das waren ja nette Aussichten! Ich hatte nicht die geringste Lust, meinen wertvollen Hannoverschen Schweißhund wegen dieses rabiaten Keilers aufs Spiel zu setzen, und nahm daher außer dem Hannoveraner noch meine beiden rauhhaarigen Foxterrier, die im Winter auf Treibjagden häufig Gelegenheit hatten, an Sauen zu jagen, und die sehr scharf waren, mit.

An Ort und Stelle erfuhren wir dann, daß nachts vom Hochsitz auf dem Felde ein Grenzjäger auf einen starken Keiler geschossen hatte, der dann anscheinend krank ins Fiskalische, und zwar in eine sehr dichte, etwa 20 ha große Kiefern-Fichten-Mischdickung, gewechselt war. Der Schütze hatte den Vorgang morgens früh dem zuständigen Förster gemeldet, und dieser hatte seine beiden Teckel, die viel an Sauen gejagt hatten, auf die Schweißfährte gebracht und geschnallt. Nach kurzer Zeit hatten die Teckel Standlaut gegeben, der plötzlich abbrach. Der die Dickung durchquerende Förster, der schon nichts Gutes ahnte, hatte dann an einer Schneise seine beiden wimmernden Teckel gefunden, der eine bereits im Verenden, der andere mit schweren, aber nicht lebensgefährlichen Verletzungen. Der Keiler konnte also nicht allzu krank sein, sonst hätte er nicht beide Teckel so schwer schlagen können. Daß es sich um kein geringes Schwein handelte, zeigte mir am Einwechsel in die Dickung die im feuchten Boden sichtbare klobige Fährte.

Ich war ziemlich überzeugt, daß mich der Keiler bei der Nachsuche annehmen würde, und nahm daher die entsprechende „Kriegsbemalung" vor. Mit der linken Hand hielt ich das Ende des Schweißriemens, den ich dem Hunde in seiner ganzen Länge gab, um bei einem eventuellen Angriff des Keiles einen möglichst großen Abstand zwischen mir und dem Hunde zu haben; in der rechten Hand hielt ich den scharf geschliffenen Hirschfänger, da man mit Gewehr in der dichten Dickung doch nichts machen konnte. Unmittelbar hinter mir ging ein bei mir stationierter Forstreferendar, den ich mitgenommen hatte; er hatte in der einen Hand die beide Foxe an der Koppel und in der anderen Hand eine geladene zehnschüssige Armeepistole. Man wird über diesen Aufzug, der einer Nachsuche auf einen angeschweißten Tiger würdig gewesen wäre, vielleicht lächeln, aber seitdem ich dabei war, wie ein kranker Keiler einen alten Hegemeister bearbeitete, daß der arme Mann sechs Wochen in der Klinik auf dem Bauche liegen mußte, habe ich Manschetten vor kranken Sauen bekommen.

Mein Schweißhund führte nun sicher auf der Fährte durch die Dickung hin und her, und wir krochen mit gezückten Waffen wie die Indianer auf dem Kriegspfade hinterdrein. Es gibt auf der Jagd nichts Schöneres und Interessanteres als so eine Nachsuche mit all der Spannung, der Ungewißheit des Erfolges und dem Reiz der Gefahr. Kein Keiler war mehr in der Dickung vorhanden. Schließlich ging die Reise aus der Dickung hinaus, in einen Bach hinein und in diesem etwa 500 m entlang. Der Hund fand auch auf Anhieb die Ausstiegstelle, was in derartigen Fällen nicht immer sofort gelingt, und wir folgten durch einen Buchenaltholzbestand. Als wir über die nächste Bodenwelle kamen, sah ich plötzlich den Keiler auf 100 m vor mir forttrollen. Sofort wurden die Foxe geschnallt, und wie weiße Tennisbälle sausten die schneidigen Kerle auf den Kujel los. Der Keiler stellte sich sofort in dem Altholzbestand vor unseren Augen und versuchte, die Hunde abzuschlagen.

Aber die Foxe waren zu flink. Er konnte keinen erreichen. Mit einem Male schoß der eine Terrier vor und faßte den Keiler von hinten in die Keule. Wie von der Tarantel gestochen, drehte sich der Keiler herum – aber der Terrier, der festhielt, mit ihm; und kaum hatte der andere Fox dies gesehen, als auch er schon in der anderen Keule hing. Der Keiler versuchte es mit Drehungen und Wendungen, aber ohne Erfolg. Schließlich versuchte er vorwärts fortzukommen, auch das war vergebens. Die Foxe hingen wie die Kletten an ihm fest, und nach einigem Hin und Her setzte er sich schließlich resignierend auf die Keulen und gab den Kampf auf. Nun schnallte ich den Schweißhund, der, ohne anzufassen, den Keiler von vorn verbellte. Ein wundervolles Bild – hinten an dem Keiler die von Wut und Passion besessenen Terrier, vor dem Keiler der edle lautgebende Hannoveraner! Dem Keiler selbst stand vor Wut der Schaum vor dem Gebrech, und er klappte mit den Gewehren, daß es geradezu schaurig anzuhören war. Ein Schuß durch den Kopf machte seinem Kampf ein weidgerechtes Ende. Er hatte hohen Vorderlaufschuß, war aber wohl durch den starken Schweißverlust sehr geschwächt. Es war ein grobes Schwein mit sehr guten Waffen, etwa fünf bis sechs Jahre alt. Die Terrier bekamen wir aber erst los, indem wir ihnen mit Holzstückchen die Kiefer mit Hebelkraft auseinanderbogen – so verbissen hatten sich die Kerle!

Der zweite Keiler, von dem ich erzählen möchte, wurde lanciert. Vor einiger Zeit schilderte in dieser Zeitschrift ein alter Saujäger, daß er die besten Erfolge gehabt hätte, wenn er mit ganz wenigen Schützen und einem gut eingearbeiteten Teckel ohne Treiber gejagt habe. Die Sauen seien dann meist nicht sehr flüchtig vor den Teckeln an die Hauptwechsel gekommen, manchmal sei es auch gelungen, an die sich vor den Teckeln leicht stellende Sau in der Dickung heranzukommen und einen Schuß anzubringen. Ich vermag das nur zu unterschreiben. Nur einen Haken hat die Geschichte, die Teckel, die die kalte Saufährte – also den Einwechsel – durch nagelfrische Reh-, Hasen- usw. -fährten hindurchhalten, ohne zu changieren, die kann man mit der Diogeneslaterne

Schlechter Wind. (Gemälde von Frhr. von Stenglin)

suchen. Mit dem auf kalter Fährte vorschriftsmäßig eingearbeiteten Hann. Schweißhund geht die Sache dagegen hervorragend, indem man zunftgerecht die Sau – am besten einzelne Keiler – lanciert.

Hierfür will ich ein Beispiel erzählen. Es war im letzten Winter, ich kreiste an einem Sonntag bei einer Neue in einer isoliert gelegenen Försterei, in der Sauen nur als Wechselwild vorkommen, und hatte bald einen guten einzelnen Keiler festgemacht. Der Einwechsel war zwischen zwei Dickungen auf einem mir seit Jahren bekannten Wechsel. Ich fuhr sofort nach Hause und holte meinen Hann. Schweißhund und meinen Chauffeur. Mittags gegen 1 Uhr waren wir wieder an Ort und Stelle, und ich ließ den Chauffeur mit dem Hund die Fährte ausarbeiten. Der Hund bekam dabei den vollen Riemen, und der Chauffeur hatte nichts zu tun, als am anderen Ende des Riemens nachzukriechen. Dabei verbot ich ihm streng jegliche Einflußnahme auf den Hund, und damit er den Riemen ja nicht fallenließ, band ich vorsichtshalber ihm das Ende am Arm fest. Daß der Schweißhund von der kalten Saufährte abweichen würde, um etwa frisch kreuzende Rotwild- oder sonstige Fährten zu arbeiten, war nicht zu befürchten, da der Hund nach alter hannoverscher Methode auf kalter gesunder Fährte eingearbeitet war. Es gibt m. E. keine andere Möglichkeit, einem Hunde das Halten einer bestimmten Fährte beizubringen, als das Einarbeiten auf kalter, gesunder Fährte.

Ich selbst stellte mich etwa 30 m vom Einwechsel entfernt mit gutem Winde an. Es dauerte etwa drei viertel Stunden, da kam der Keiler wie an der Schnur gezogen auf dem Einwechsel und erhielt von mir die Kugel, aber leider zu weit hinten, so daß er in der angrenzenden Dikkung verschwand.

Ich hatte gerade repetiert, da stand der Schweißhund schon an der Stelle, wo soeben der Keiler heraus war. Die Sau hatte sich also höchstens 20 bis 30 m vor dem Hunde gehalten und war nach Aussage des Chauffeurs zweimal in der ganzen Dickung herumgezogen, um dann, da sie nirgends etwas Verdächtiges merkte, in aller Ruhe auf ihrem Einwechsel zu kommen.

Ein solches Lancieren macht dem Schützen und auch dem Hundeführer sehr viel Freude. Man darf nur keine jungen Hunde dafür verwenden, da das anhaltende Arbeiten auf der warmen Gesundfährte jungen Hunden nicht zuträglich ist. Einem alten, erfahrenen Schweißhund dagegen schadet es nichts, von Zeit zu Zeit zum Lancieren verwendet zu werden.

Nach dem Schuß wartete ich zwei Stunden und ging dann mit dem Hunde nach. In der Linken den Riemen, in der rechten Hand den blanken Hirschfänger – „Kriegsbemalung“ wie zuvor. Nur daß ich dieses mal die Foxe nicht mit hatte. Nach kurzer Zeit fand ich das erste Wundbett und merkte, daß die kranke Sau vor mir zog. Ich kämpfte lange mit mir, ob ich den Hund schnallen sollte, denn ich riskierte das wertvolle Tier dabei, aber am nächsten Morgen hatte ich Holztermin, konnte also unmöglich die Nachsuche fortsetzen, und so entschloß ich mich schließlich, eine Hetze zu wagen, auf die große Erfahrung und Klugheit meines Hundes bauend. Nach längerem Hetzlaut ertönte das tiefe Hau, Hau, Hau des Standlautes. Vorsichtig kroch ich in der Dickung dem Laute nach. Die gespannte Büchse in der Hand, angestrengt versuchend, die dichten Fichtenzweige mit dem Blick zu durchdringen, jeden Moment gewärtig, angenommen zu werden – gibt es aufregendere und schönere Momente auf der Jagd, ja überhaupt im Leben, als diese Augenblicke, wenn man sich an das gestellte

Stück heranarbeitete! Der Keiler saß in einer kleinen Mulde und attackierte von Zeit zu Zeit den ihn laut umkreisenden Hund. Ich hatte große Mühe, bei der ständigen Bewegung, in der sich Keiler und Hund befanden, einen Moment abzupassen, in dem ich, ohne den Hund zu gefährden, einen sicheren Fangschuß anbringen konnte.

Selten habe ich nach einer Nachsuche meinen Hund so innig umarmt und so abgeliebelt, wie nach dieser Hetze. Mir war ein Stein vom Herzen, daß alles gut gegangen war.

WILD UND HUND Nr. 48/1933

Verhängnis

Von R. M.

Auf der Jagdausstellung, die der Jagdschutzverein Würzburg im Frühjahr 1929 anläßlich seines 50jährigen Bestehens veranstaltete, wurde auch eine mächtige Keilerschwarte gezeigt, die von einem alten Eingänger stammte, der fast zwei Jahrzehnte im Gramschatzerwalde seine unberechenbaren Fährten gezogen hat. Daneben dessen mächtige Waffen, etwas vergilbt, weil hergeholt aus niedriger, rauchiger Bauernstube. Das Erleben und Geschehen, das mit diesen Trophäen verbunden ist, ist zu vielseitig und tragisch, um im Nebel der Vergessenheit zu verschwinden. -

Drei Wegestunden von Würzburg, der alten Bischofsstadt, beginnt der große Gramschatzerwald. Mächtige Eichen und Buchen, wie sie stärker kein deutsches Waldgebiet aufweist, geben ihm ein eigenartiges Gepräge. Allüberall das lichte Grün des Laubholzes, das mit all seinen Arten in reichstem Wechsel vertreten ist, hie und da durchzogen von Flächen und Streifen dunkelgrüner Fichten und Föhren - Breschen, die moderne Forstwirtschaft dem hehren Gebäude schönerer Zeiten schlug. Unter hohem Buchendom laufen noch die tief eingeschnittenen Jagdgräben, in denen die Würzburger Fürstbischöfe bis zum Kopfe gedeckt das Wild anritten. Hier in ihrem herrlichen Wald suchten sie bei Birsch und Hörnerklang Sorge und Ärger zu vergessen, die ihnen ein ränkesüchtiges Domkapitel, widerspenstige Untertanen, ein leerer Säckel und häufige Fehden in reichstem Maße bescherten.

Verschwunden ist seit fast einem Jahrhundert aus dem Gramschatzerwalde der Hirsch. Nur Niederwild in reicher Menge bergen die Dickungen. Unglaublich heimlich ist der rote Bock, auf jedem Fleckchen reichlich Äsung findend an süßem Gras und zartem Stockausschlag.

Es war im Jahre 1908, als dem Forstmann und Jäger zum erstenmal auf feuchtem Weg die starke Fährte des alten Keilers entgegenstand. Bald hier, bald dort wurde dieser von nun ab gefährtet. Alles erhoffte sich den grünen Bruch, verdient an einer groben Sau, ob deren Seltenheit hier doppelt begehrt. Länger als ein Jahrzehnt vergebens. Oft eingekreist, fand sie immer die richtige Stelle oder war, als die Schützen eintrafen, längst wo anders. So suhlte sie einmal, während man mit großem Aufgebot auf sie jagte, am hellen Nachmittag im Dorfweiher.

Der 5. Oktober 1919. Ein herrlicher Nachmittag. Nur im sterbenden Laubwald kann die Abendsonne solche Pracht entfalten. Der alte Waldaufseher Sepper ist auf dem Wege zu einer stillen Waldwiese, einem heimlichen Waldhasen gilt sein Gang. Da kreuzt er die Keilerfährte. Nagelfrisch steht sie über den Weg in eine Nadelholzdickung, lückige Föhren und Fichten gewähren einigen Einblick. Das scharfe Auge hat den Gesuchten schon entdeckt, rasch ist der Drilling im Anschlag - ein eigenartiger Ton vermischt sich mit Knall und Widerhall des Schusses. Sepper geht zum Anschuß - was er sieht, läßt ihn erschrecken, daß Herz und Atem stocken: Vor ihm liegt erschossen ein Mensch. Entsetzt eilt er nach Hause und berichtet. Seelischer Zusammenbruch brachte ihn fast zum Äußersten.

In klarer Herbstnacht halten drei Männer im stillen Walde die Totenwacht. Am nächsten Morgen erscheint das Gericht. Es kann nur feststellen, daß sich alles so zugetragen haben mußte, wie Sepper es geschildert hatte. Das schwarze, lange Haar des Toten, sein schwarzer, mit rauher Wolle besetzter Krimmermantel sowie der Umstand, daß er im Augenblick des Schusses in gebückter Stellung an seiner Kleidung etwas geordnet haben mußte, lassen die Täuschung als erklärlich erscheinen. Mit einiger Schwierigkeit wird die Persönlichkeit ermittelt: ein Angestellter aus Würzburg. Zur dortigen Polizei geht die Kunde, ein Polizeibeamter soll der jungen Witwe die schlimme Nachricht bringen. Schonend will er einleiten, wird aber nach den ersten Worten rasch unterbrochen: „So hat er es doch getan!“ Und nun kommt es heraus: Beim Weggehen hat der Tote hinterlassen, daß er im Gramschatzerwalde den Tod durch eigene Hand suchen wolle. Eine höhere Macht kam ihm zuvor. Erschüttert und ergriffen nimmt man von dieser Tragik Kenntnis.

Die Gerichtsverhandlung am 12. Januar 1920 endet mit Seppers Freispruch. Vielen und langen Zuredens bedurfte es, um ihn einigermaßen wieder ins Gleichgewicht

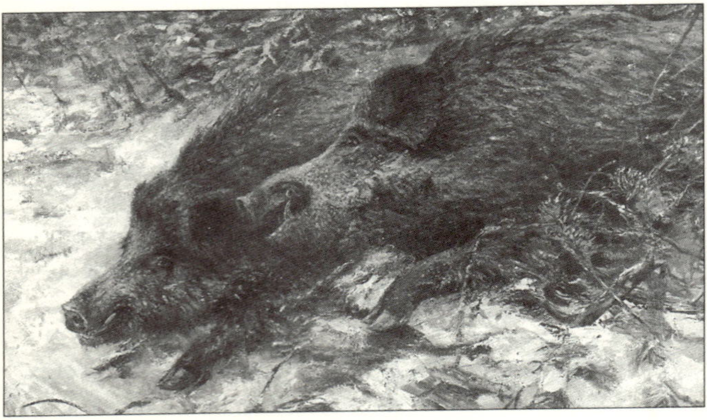

Rauschzeit. (Gemälde von W. Lorenz)

zu bringen, und nur die Überzeugung, daß er als Werkzeug höherer Gewalten dazu bestimmt war, einem Mitmenschen den letzten, schwersten Schritt zu sparen, gab ihm einige Ruhe.

So ziert auf einsamem Dorffriedhof des Fremden Grab ein schlichtes Kreuz. Hartstrenge Moral des Landvolkes hätte ihm dieses Zeichen versagt, wenn er seine Absicht hätte verwirklichen können.

Und weiter trieb der Keiler sein Wesen. Erfolglos wurde ihm weiter nachgestellt. Der Volksmund umwob ihn mit mystischer Sage.

Der 7. Januar 1922 brachte eine Neue. Der Keiler war eingekreist. Als der Trieb umstellt werden sollte, stand die Fährte schon wieder heraus. Mehrmals noch an diesem Tage glaubte man ihn festzuhaben, im letzten Moment war er immer wieder entwischt.

Schon beginnt sich Dämmerung über den winterlichen Wald zu senken. Müde und teilnahmslos stehen Schützen und Treiber beisammen. Der Förster und der Forstwart sind nochmals fort, um neu zu kreisen. Sie kommen und melden, daß der Keiler nochmals steckt. Der Trieb wird abgestellt, Spannung und Aufmerksamkeit sind nicht mehr groß: Es wird gehen wie immer.

Die Treiber gehen an, eine Meise schilt. Unten fällt ein Doppelschuß. Gespannt eilt alles zum Schützen, als der Hornruf verhallt. Einem bäuerlichen Jäger war der Alte auf wenige Schritte gekommen; auf den ersten Schuß aus dem Drilling habe er gezeichnet. Am Anschuß liegt Schweiß. Der Förster kriecht einige Schritte nach, und nicht weit sieht er den Keiler im Wundbett. Zwei Fangschüsse beenden das Drama.

Mächtiger als man sich vorgestellt, liegt der Keiler vor dem Schützen. Wehmütige Gedanken gesellen sich zur Freude über den Erfolg. Versonnen stapft man heimwärts. Der Gramschatzerwald war heute um vieles ärmer geworden.

WILD UND HUND Nr. 34/1929

Neuntausend Sekunden Hochspannung

Von Karl Snethlage

Mein Freund Jürgen hat ein sehr gutes Revier mit recht viel Sauen. Entgegen vielen anderen Revieren, wo die Dickungen verteilt liegen und man weit ab im hohen Holz die Schützen anstellen kann, stößt bei ihm eine Dickung an die andere, und man kann eigentlich nur auf Schneisen schießen.

Im ersten Treiben hatte ich seit Jahren einen Stand, wo zwei Dickungen nur auf 150 m aneinanderstießen. Ganz klar, daß dort ein erstklassiger Wechsel sein mußte. Er war es auch, aber die Sauen kamen mal oben, mal unten, und bei der Breite des Gestells - nur zwei Wagen konnten gerade einander ausbiegen - wurde man meist nicht fertig. Einmal hatte ich mit einem Schnappschuß einen Frischling erwischt, und seitdem hatte ich den Stand in Erbpacht.

Aber ich zitterte jedesmal vor der Jagd, ob ich nicht doch einmal woanders hinkommen könnte. Um die Ekke an der Front war ein Stand im hohen Holz. Da schnitten die Sauen manchmal ab, und im Vorjahr war dort eine Dublette geschossen worden. Das wäre mal was für mich.

Aber als der Jagdherr im Jahre 1935 fragte: „Na, willst du wieder auf deinen Stammplatz?“, da sagte ich schon aus Stolz: „Klar.“

Nun stand ich also wieder auf meinem Angstposten! Der Schirm war etwas nach Westen verlegt worden, weil im

Vorjahr das Wild rechts auf der Spitze gekommen war. Das Treiben war erst kurz im Gange, da kamen links am Ende der Dickung einige geringe Hirsche rüber. „Gehen wir doch in den alten Schirm“, riet meine Frau, die, wie meistens, mit war, „wo das erste Stück Wild kommt, kommt auch das andere.“

Ich folgte dieser weisen Eingebung, und wir zogen in den alten Schirm 50 Schritt weiter links. Das war gut, denn kurz darauf überfiel ohne vorherige Anmeldung eine Rotte fast an derselben Stelle die Schneise, aber jetzt waren es nur 60 Schritt. Zum Glück war sie ziemlich stark. Auf den dritten oder vierten Frischling wurde ich fertig, und die Kugel aus dem linken Lauf wurde ich auf einen Überläufer los. Eine Randkiefer wackelte verdächtig. Na, einer mußte wohl liegen.

Nun hörten wir die Treiber schon, da prasselte es vor uns, und eine Rotte kam gerade auf uns los. Ich konnte ein paar Schritt einsehen und nahm mir zwei Frischlinge vor, die rechts von mir vorbei wollten, weil ich als Linksschütze besser nach rechts schieße, und sah schon die Dublette im Feuer rollen. Aber meine Frau hatte in der Aufregung nur auf die links vorbeikommenden geachtet, packte mich resolut bei den Schultern und drehte mich einfach herum. Da half nun nichts, wohl oder übel nahm ich einen Frischling aufs Korn, der mit der Kugel schräg von hinten auf der Keule zusammenrutschte und weiterflüchtete, und ebenso kam ich auf einen zweijährigen Keiler ab. Es schießt sich zu gemein, wenn einem die Sauen direkt über die Stiefelspitzen kommen.

Kaum hatte ich neue Patronen im Lauf, da schrien die Treiber, und die dritte Rotte kam 70 Schritt rechts von mir herüber. Wieder schmiß ich den berühmten Doppelschuß hin, ohne daß ein Erfolg zu sehen war. Und dann kostete es Nerven, zu warten, bis die Treiber rückgetrieben hatten, und wir endlich nach Stunden auf die Anschüsse kamen. Um es kurz zu machen: auf dem ersten Anschuß lag ein Überläufer mit Halsschuß, und der Frischling wurde beim nächsten Treiben auf 120 Schritt mit Leberschuß gefunden. Von den nahen Sauen war der Frischling noch 120 Schritt geflüchtet, und der Keiler wurde am nächsten Tage mit Keule-Weidewundschuß 1500 m vom Anschuß im Wundbett totgeschossen. Die dritte Dublette war mißglückt. Ein Schuß war vorbeigegangen, aber in der Dickung hörte man eine Sau rumoren. Da die Dickung als nächstes Treiben genommen werden sollte, wünschte der Jagdherr nicht, daß ich die Sau totschoß. So ging ich denn nur mit dem Hirschfänger der Schweißfährte nach und sah 50 Schritt drin den starken Überläufer mit Kreuzschuß sitzen. Es war nicht so leicht, ihn abzufangen, denn sobald ich ihm nahe kam, rutschte er auf mich zu und wollte mich annehmen. So brachte ich denn mit List eine Kiefer zwischen uns beide, so daß er sich nicht drehen konnte, umsprang ihn, setzte mich rittlings auf ihn, packte ihn mit der Rechten beim Teller und stieß ihm mit der Linken den Hirschfänger hinters Blatt. Denn ich bin „Linkspoot“. Aber das ist leichter erzählt als getan. Ich schwitzte nicht schlecht, als ich ihn glücklich aufs Gestell zog.

Fünf Sauen auf einem Stand mit sechs Kugeln, das werde ich auch in unserer gesegneten Gegend nicht sobald wieder erleben.

Es war im selben Winter auf einer sehr guten Jagd. Im ersten Treiben hatte ich auf einem Stand einen Frischling und ein Schmaltier erlegt, und nun standen wir vor dem berühmten Jagen 121, dem Clou des Tages, im raumen Holz 100 Schritt vor der Dickung, und überall knallte es, nur bei uns und unserm Nachbarn fiel kein Schuß. Zwar hatte ich ja schon meinen Bruch am Hut, und wenn man zwei Stück hat, soll man wohl zufrieden sein. Aber Jagen 121, von dem uns „Fünkchen“ schon soviel vorgeschwärmt, da hatten wir gedacht, daß wir doch wenigstens einmal zu Schuß kommen würden. Zwei Stunden dauerte das Treiben bereits, und man war schon auf dem Standpunkt, daß man das Abblasen als eine Erlösung erwartete.

Da sagte meine Frau resigniert: „Könnte sich nicht wenigstens ein Frischling zu uns verirren, wenn es doch überall so unverschämt knallt?“ „Na“, meinte ich, „wenn du dir schon etwas wünschst, dann kann es von mir aus lieber ein guter Keiler sein. Das sehe ich nicht ein.“ Wie auf ein Zauberwort hörte man vor uns den Schnee knurpsen, und tatsächlich, da vorn rechts kam er ja an. Eine starke dunkle Sau.

Meinem Nachbarn war er durch eine Höhe verdeckt, wie ich zu meiner Freude merkte, aber schräg von vorn, dazu auf den Nahbarn zu, schießt es sich scheußlich. Ich würde ihn wohl durchlassen müssen. Aber wenn man dann dem Nachbarn zuvorkommen will, geht’s meistens vorbei. Scheußlich, scheußlich! Da verhoffte der Keiler, und - plautz - hatte er meine Kugel, drehte ab, der linke Lauf vorbei, und da prasselte er in einen Reisighaufen und verendete unter großem Geknaster. Und schon ruft das Horn: Hahn in Ruh, Hahn in Ruh, Hahn in Ruh! Das war noch mal im letzten Augenblick!

Am nächsten Tage war wieder eine Wildjagd, und da war es noch viel aufregender. Das Jagdessen am Abend war gut und die Nacht lang gewesen, der Schlaf dafür um so kürzer, und so war es kein Wunder, daß man etwas abgekämpft war und bei den langen Treiben scheußlich fror.

In voller Flucht. (Zeichnung von Dr. Karl Heinz Snethlage, Sohn des Autors)

Da ich in den ersten Treiben nicht zu Schuß gekommen war, hatte ich auch keine Gelegenheit gehabt, mich innerlich zu erwärmen, und so war ich denn beim letzten Treiben bei dem Sehnsuchtsruf angekommen: Jetzt zwei Stunden schlafen und dann ins Bett! Aber davon konnte noch keine Rede sein, denn ausgerechnet stand ich auf einer Schneise, hinter mir dichteste Fichtendikkung, und vor mir nur zwei Krähenfüße, und in der unten schon etwas hell werdenden Dickung fünf Schritt Sicht nach vorn. Da mußte man die Büchse schon schußbereit in der Hand halten und haarscharf aufpassen. Denn womöglich die einzige Chance des Tages verpassen, da würde man sich doch zu dumm vorkommen.

Ich habe es mir mal ausgerechnet: Wenn man 21/2 Stunden auf dem Stand steht, so sind das 150x60=9000 Sekunden. Und diese 9000 Sekunden muß man dauernd in Spannung sein, um die drei Sekunden nicht zu versäumen, die der Keiler braucht, um über die Schneise zu fallen. Das ist wirklich eine erhebliche Nervenanspannung.

So stand ich also auf meiner Schneise, meine Frau hinter mir, und stierte mit dem linken Auge in den linken, mit dem rechten Auge in den rechten Krähenfuß, müde, frierend und doch voll Spannung.

Links von uns knallte es erheblich. Man sah weiter hinten die schwarzen Sauen über die weiße Schneise wischen, die Treiber schrien und trieben immer wieder hin und zurück. Nur bei uns passierte gar nichts, außer daß uns einmal ein paar Rehe und ein Hase für den Bruchteil von Sekunden in Aufregung versetzten.

Da verdunkelte sich links die Sehlücke, und eine starke Sau schob sich hinüber. Sofort war ich munter, hatte die

Büchse im Anschlag und wartete, daß sie über die Schneise kommen sollte. Aber nichts passierte. Verhoffte sie am Rande, um wie der Blitz über das Gestell zu fahren, oder hatte sie auf meinen Nachbarn hin abgedreht? Mir wurden die Arme lahm. Plötzlich kam mir eine Bewegung am Krähenfuß ins Auge, es wurde wieder dunkel, und da kam der Keiler am Rande der Dickung angeschlichen und war auch schon auf acht bis zehn Schritt heran. So vorsichtig ich die Mündung der Büchse auf ihn drehte, hatte er die Bewegung doch sofort geäugt, und nun hieß es schnell sein: zwischen die Lichter mit dem Silberkorn und Feuer! Aber keine Rede vom blitzartigen Zusammenbrechen, im Schuß machte der Keiler kurz kehrt, aber noch in der Drehung hielt ich ihm die zweite Kugel aufs Blatt. Meine Nachbarn meinten, mir wären beide Schüsse zugleich losgegangen.
Und dann war mit großem Geprassel der Keiler verschwunden. Jetzt war uns mit einmal warm. Aber was war mit dem Keiler, konnte man ihn auf diese Entfernung vorbeischießen? Voll Angst lauschten wir, ob es vielleicht bei unserem Nachbarn noch knallte, aber nichts. Nun kamen auch schon die Treiber. Jetzt sah man ihre Beine, da kamen einige über den Krähenfuß. Sie gingen ziemlich eng. Wenn der Keiler da lag, mußten sie ihn eigentlich finden. Denn man konnte überall ein paar Schritt weit sehen. Voll Spannung lauschten wir auf den bekannten Ruf der Überraschung, aber nichts passierte. Einer nach dem andern trat auf die Schneise und klopfte sich den Schnee vom Rock. Das war eine schöne Schweinerei!

„Jungs," rief ich mit letzter Hoffnung, „habt ihr drin nicht ein Schwein gefunden?" „Nee, wir sind ganz dicht gegangen." „Na, seht doch noch mal nach", schlug ich vor, selbst ganz verzweifelt. Tatsächlich bequemten sich ein paar, wenn auch ohne großen Eifer, und kaum hatten sich die Randfichten hinter ihnen geschlossen, da tönte schon der erlösende Ruf: „Kiek, hier liegt er ja!, Oh, en ganz groten! Fot man an, Jungens."

Plumps, da fiel aber der Stein vom Herzen, fast gleichzeitig mit dem Signal „Jagd vorbei". Die Aufregung hatte sich gelohnt: Es war ein fünfjähriger Keiler. Nur leider, die Gewehre waren zum Teufel. Im Augenblick des Schusses hatte er beim Sichern den Kopf hochgenommen, und so war die Kugel anstatt zwischen die Lichter aufs Gebrech gegangen und hatte die dünnen Wände der Gewehre durch den Druck auseinandergesprengt. Die zweite Kugel saß auf dem Blatt und hatte den Keiler nur noch 20 Schritt weiter kommen lassen.

WILD UND HUND Nr. 41/1938

Blattschuß. (Zeichnung von Dr. Karl Heinz Snethlage)

Der „Joseph"

Von O. von Steegen

Erst kurz nach dem Ersten Weltkrieg tauchte das erste Schwarzwild in meinem Heimatrevier auf, das bis dahin neben zahlreichem Rehwild über einen guten und auch qualitativ hervorragenden Rotwildbestand verfügt hatte.

Für das Heimischwerden der Sauen waren wohl vor allem zwei Faktoren maßgebend gewesen: Einmal eine erhebliche zahlenmäßige Zunahme in entfernteren großen Waldgebieten mangels genügender Bejagung während des Krieges, und dann vor allem das Her-anwachsen riesiger Dickungskomplexe, die nach einer zu Anfang des Jahrhunderts stattgefundenen großen Nonnenkalamität entstanden waren. Um die Kahl-flächen von insgesamt fast tausend Morgen möglichst schnell wieder aufzuforsten, waren damals erhebliche Anstregungen gemacht und innerhalb von vier Jahren weit über eine Million drei- bis vierjährige verschulte Fichten ausgepflanzt worden. Vereinzelte uralte Fich-tenüberhälter, die den Nonnenfraß überstanden hatten, sowie zahlreiche Buchen, Birken, Erlen und Eichen auf den Kahlflächen sorgten nun noch ihrerseits für eine natürliche Verjüngung, deren Ausmaß selbst die kühnsten Hoffnungen weit übertraf. So wuchsen im Lauf der Jahre riesige Dickungen heran, die wie eine Mauer standen und stellenweise für Menschen völlig undurchdringlich waren. Und das war es gerade, was die Sauen liebten, und wo sie sich zu Hause fühlten. Zum Suhlen war überdies in den zahlreichen Erlenbrüchen überreichlich Gelegenheit.

Wie fast immer, wenn eine Wildart neue Lebensräume in Besitz nimmt, so waren es auch bei uns in den ersten

Jahren vornehmlich Einzelgänger, ältere Keiler, die von wer weiß woher als „Quartiermacher“ zuwechselten und längere oder kürzere Gastrollen gaben. Selten bekam man sie zu Gesicht. Sie suchten im Sommer die reifenden Haferschläge nur hin und wieder und keineswegs regelmäßig auf, fanden sie doch im Walde selbst genügend Fraß; und ein alter Basse bleibt eben auch bei bester Behandlung immer unstet und heimlich, um so mehr, je älter, vorsichtiger und grämlicher er wird.

Drei wirklich grobe Keiler waren in diesen ersten Jahren bisher zur Strecke gekommen. Ihre Wildpretgewichte hatten bahnfertig 156, 153 und 184 kg betragen. Der letzte, ein wahrhaftes Hauptschwein, war von Förster Oberländer ganz zufällig im Oktober des Vorjahres gelegentlich eines kleinen Fuchsdrückens gestreckt worden, als er unter dem aufgeregten Geschrei der Treiberjungen aus einem verschilften Erlenbruch plötzlich hochwurde und auf 30 Schritt an O. vorbeitrollte. Die Kugel des schnell umgeschalteten Drillings faßte ihn hochblatt und ließ ihn im Knall über Kopf gehen.

Nach glücklich bestandenem Abitur und einem arbeitsreichen Jahr als landwirtschaftlicher Eleve hatte ich die Universität bezogen und war eben zu den Semesterferien nach Hause gekommen. Acht lange Wochen lagen vor mir, die herrlichen Monate August und September, und nun sollte und wollte ich neben den Freuden der Blattzeit endlich meinen ersten guten Keiler schießen.

Beim ausgedehnten Kriegsrat, den ich mit unserm guten alten Revierförster in seiner Wohnstube im Forsthaus hielt, wo es immer so herrlich aufregend und geheimnisvoll duftete nach Pfeifenrauch, Dachsfett, Leder, Schwarzpulverhülsen und anderen Dingen, ergaben sich recht gute Aussichten. Regelmäßig hatte er beim Abspüren verschiedene starke Fährten festgestellt und wiederholt sogar guten Anblick gehabt, sei es in der Morgenfrühe beim Einwechseln in die Dickung, oder auch in heißer Mittagsstunde an einer der zahlreichen Suhlen.

Auf meine drängende Frage, ob auch der „Joseph" noch da sei, nickte Oberländer bedächtig: „Na, sicher ist der da", meinte er im Brustton der Überzeugung, „die Fährte kenne ich wie meine eigene, ist ja auch gar nicht zu verwechseln. Nur zu sehen kriegt man ihn nicht. Am Buchenberg fährtet er sich meistens, noch vorige Woche, nach dem letzten Regen. Eine Fährte, so breit wie von einem starken Hirsch. Das kann nur der „Joseph" sein!"

Mit dem „Joseph" hatte es folgende Bewandtnis. Im Jahr zuvor waren die Gutsleute beim Roggenmähen, und da das Getreide infolge vorhergegangener starker Regenfälle stellenweise sehr ins Lager gegangen war, mußte dies zum großen Teil mit der Hand geschehen. Zur Vesperzeit setzten sich die Leute im Schatten des Waldrandes nieder, denn es war ein heißer Tag. Sie saßen noch nicht lange, als es im Roggen rauschte und ein großer schwarzer Kasten sichtbar wurde, der in schweren Fluchten den Wald annahm. Ohne sich an das Geschrei der Männer und das Juchzen der Mädchen zu kehren, flüchtete der in seiner Tagesruhe gestörte Keiler direkt auf sie zu. Es sah fast aus, als wollte er sie annehmen. Unmittelbar neben einem halbwüchsigen Jungen, der den bei uns seltenen Vornamen Joseph erhalten hatte, durchbrach der Basse die Menschenreihe und verschwand blasend und prasselnd im Walde. Schreckensbleich kroch Joseph unter der Roggenhocke hervor, unter die er sich in seiner

Todesangst geworfen hatte. Seither trug der Keiler den Namen „Joseph“.

Daher also meine Frage an Oberländer und seine Antwort. Ob jener „Joseph“ wirklich noch lebte, ob er nicht längst abgewandert oder vielleicht das erwähnte, von O. gestreckte Hauptschwein gewesen, wer kann es wissen? In jedem besseren Revier geistert ja ein oder das andere, ob seiner Stärke besonders begehrenswerte Stück Wild umher, je länger desto mehr von Ge-heimnis umwoben und Inbegriff aller Jägerwünsche. Bis es dann doch einmal zur Strecke kommt oder aber in unbekannte Fernen auf Nimmerwiedersehen entschwindet. Nun, der Keiler vom Buchenberg war jedenfalls der Fährte nach ganz grobe Klasse, und wir waren beide felsenfest davon überzeugt, daß es der „Joseph“ war und kein anderer.

Der Buchenberg erhob sich mitten im Jagen 12, das mit einer Schmalseite an den Feldrand stieß, und war seinem Namen entsprechend bestanden mit wunderschönen, uralten Rotbuchen, unter deren Schirm eine reiche Naturverjüngung, ein Gemisch von Buche, Fichte und Esche, in fast tropischer Üppigkeit emporwuchs. Die alten Buchen standen unter Naturschutz. Als einmal eine von ihnen vom Sturm geworfen wurde, ergab die Aufarbeitung 48 Raummeter Klobenholz. Dies möge dem Leser einen Begriff geben von der Mächtigkeit der alten Baumriesen.

Hier irgendwo also sollte der „Joseph“ seinen Einstand haben, und es würde nicht leicht sein, ihn zu Gesicht und zu Schuß zu bekommen, da das Jagen 12 nur wenige kleine Blößen und Lichtungen aufwies und keine breiten Gestelle wie anderswo, sondern nur schmale, vergraste Holzabfuhrwege. In einer der hohen

Buchen stand ein alter, schon etwas gebrechlicher Hochsitz, von dem aus man leidlichen Einblick in den Dschungel unter sich hatte und eine große Suhle auf 50 Schritt bequem beschießen konnte. Dies war die eine Möglichkeit. Die zweite war der Ansitz am Feldrand, denn glücklicherweise trug der Schlag in diesem Jahr Hafer, der sich schon langsam gelblich färbte.

Auf dem Rückwechsel. (Gemälde von August Specht aus dem Jahre 1898)

Am frühen Nachmittag fährteten wir zu zweit den Feldrand ab. Der allnächtliche Besuch von Wild war dem Hafer schon anzusehen, und wir fanden neben schwächeren Fährten auch die von zwei recht guten Hirschen. Vor einer starken Saufährte blieb ich stehen: „Ob es das ist?“ aber Oberländer schüttelte nur mitleidig lächelnd den Kopf. „Nein, nein, das ist nur ein Dreijähriger. Der „Joseph“ spürt sich doppelt so stark!!“ Woraufhin das Bild dieses Sagenkeilers in meiner jugendlich-blühenden Phantasie die Ausmaße eines Elefanten annahm.

Obwohl die Anwesenheit des „Joseph“ im Hafer der Fährte nach nicht festzustellen war, bestieg ich auf Oberländers Zureden den Hochsitz am Feldrand. Durch planloses Herumpürschen im Bestand konnte man nur alles verderben. Das sah ich ein. Lange blieb die Bühne leer. Als die Dämmerung kam, zogen endlich vier geringe Hirsche, noch im Bast, einer hinter dem andern ins Feld hinaus, und dieser gute Anblick blieb für heute Abend der einzige.

Diesen Hochsitz am Feldrand des Morgens früh zu erreichen, ohne das draußenstehende Wild zu stören, war kaum möglich, und so machte ich erst gar nicht einen derartigen Versuch. Ich beschränkte mich notgedrungen auf den Abendansitz am Feldrand und auf die Suhlenkanzel zur Mittagsstunde, in der nie erlahmenden Hoffnung, der Keiler werde einmal früh genug zu Felde ziehen oder aber bei der zur Zeit herrschenden Trockenheit und Hitze die Suhle annehmen. Aber nichts dergleichen. 14 Tage waren schon vergangen.

Ob er überhaupt noch im Buchenberg steckte? Oberländer war davon überzeugt, und er hatte wieder mal recht, wie sich bald herausstellen sollte. Denn „Joseph“ gab uns einen Beweis seiner Anwesenheit.

Dicht bei der Suhlenkanzel war ein Stück besonders zukunftsvoller Eschenverjüngung von etwa drei Morgen Größe gegen Wildverbiß und Fegen eingezäunt, und zwar 1,50 m hoch mit Maschendraht, was nach unseren Erfahrungen genügte, um das Rotwild abzuhalten, obwohl ein Hirsch den Zaun natürlich mühelos hätte überfallen können. Aber offenbar scheuten sie die Anstregung, jedenfalls respektierten sie diesen Zaun.

Als ich zum 15. Mal die Suhlenkanzel mit aller Vorsicht erstiegen hatte, fiel mir sogleich auf, daß an einer Stelle der Zaun gewaltsam zerstört war. Nach den obligaten drei Stunden geduldigen und ergebnislosen Wartens verließ ich den Hochsitz, pürschte leise und vorsichtig der verdächtigen Stelle am Zaun zu und stand sprachlos: Das straffgespannte, starke Maschengeflecht, unten am Boden noch von einem extra dicken Spanndraht eingefaßt, war einfach hochgehoben worden, so daß ein Loch entstanden war, durch das bequem ein Mensch kriechen konnte. An zwei oder drei Stellen war der verzinkte Stahldraht gerissen, als sei er aus Bindfaden. Welch urwüchsige Kraft hatte dazu gehört, diese Leistung zu vollbringen! Unter den jungen Eschen war der schwarze Waldboden um und um gebrochen, und nun sah ich zum erstenmal mit eigenen Augen die nagelfrische Fährte des Unsichtbaren, eine unerhört starke Saufährte, breit wie die eines hochjagdbaren Hirsches, tief in den anmoorigen Lehm eingeprägt. Das war „Joseph“, das mußte er sein! Also war er wirklich noch da, wo wir ihn suchten, und ich war keinem Phantom nachgelaufen. Frohgestimmt und mit neuer Hoffnung im Herzen eilte ich zum Forsthaus, um dem alten O. zu berichten.

Dieser nahm meine Erzählung natürlich mit größtem Interesse entgegen. „Seit heute morgen weiß ich es auch, daß der „Joseph“ noch da ist“, sagte er dann zu meiner Überraschung. Er hatte wie gewöhnlich wieder den Hafer abgefährtet und festgestellt, daß der Keiler in der letzten Nacht tatsächlich draußen gewesen war. 30 Schritt von der Feldkanzel stand die Riesenfährte heraus und wieder hinein, und in dem dichtstehenden reifen Hafer war eine breite Gasse gewalzt, als sei eine ganze Rotte dort zugange gewesen.

Oberländer hatte auch schon seinen Schlachtplan fertig: „Der „Joseph“ ist nur morgens beim Einwechseln zu kriegen“, verkündete er mit Überzeugung, „abends kommt er nie früh genug heraus, das haben wir ja nun genügend ausprobiert. Und da man morgens nicht auf die Kanzel kann, ohne zu stören, bleibt nur eins übrig: Sie müssen die Nacht über auf der Kanzel sitzen bleiben und hoffen, daß er erst bei Hellwerden einwechselt - wenn er überhaupt in den Hafer kommt! Aber ich denke, er kommt wieder, jetzt wo der Hafer so schön reif ist.“

Mir erschien dieser Vorschlag sehr einleuchtend, und ich beschloß, ihn zu befolgen. Warum sollte ich nicht eine schöne warme Sommernacht auf dem Hochsitz zubringen? Gegen 9 Uhr wurde es dunkel, gegen 3 Uhr wieder hell, das waren ganze 6 Stunden. Mit der Zeit würde ich mich noch zu einem perfekten Ansitzjäger mit Schwielen auf der Sitzfläche entwickeln! Zudem sollte der Hafer, wie ich wußte, schon am nächten Tag angemäht werden. Es war also die allerletzte Möglichkeit, und diese wollte ich nutzen.

Mit Butterbrot, Thermosflasche und genügend Rauchwerk wohl versehen, bestieg ich also gegen Abend die Feldkanzel und richtete mich auf einen langen Ansitz ein. Deutlich war von oben der Wechsel zu erkennen, den der „Joseph“ in der vorigen Nacht ins Feld hinein genommen hatte: Eine breite, dunkle Bahn zog sich durch den goldgelben Hafer.

Die Sonne ging zur Rüste und sank langsam unter den Horizont. Von der fernen Dorfkirche schwebten verschwommen die Glockenklänge des Abendläutens zu mir herüber. Schön und friedvoll klang es. Ein glühendes Abendrot stand am wolkenlosen Himmel, langsam verblassend. Zarte Nebelschleier erhoben sich und brauten geisterhaft über den Senken des weiten Feldes. Es würde morgen wieder ein strahlender, heißer Erntetag werden.

Als es schon sehr dämmerig war, stand plötzlich ein dunkler, starker Wildkörper am Waldrand und zog nach langem Sichern ins Feld hinaus, gefolgt von einem zweiten. Mit dem scharfen Glas vermochte ich gerade noch zu erkennen, daß es Hirsche waren, der Figur nach starke. Vielleicht waren es die zwei, die wir am ersten Tag im Hafer gefährtet hatten.

Und nun kam die Dunkelheit und hüllte alles in ihren samtenen Mantel ein. Das Auge versagte mehr und mehr. Um so wacher wurde das Ohr. Ich setzte mich, den Lodenmantel über den Knien, bequem zurecht und gab mich mit allen Sinnen dem Zauber dieser Sommernacht hin, die von Leben erfüllt war und voll von geheimnisvollen Stimmen und Lauten. Ein Waldkauz rief hinter mir im hohen Holz, ein zweiter antwortete, und dann schwebten beide auf lautlosen Fittichen den Waldrand entlang. Vor mir im Hafer rief unermüdlich der Wachtelkönig, dieser fast unsichtbare, kleine braune Sommergast, der nie zu schlafen scheint, und dessen schnarrender Ruf für mich untrennbar verbunden ist mit den Begriffen „Sommer“ und „Heimat“. Grillen zirpten in an- und abschwellendem Chor, Frösche quarrten, und um mich war durchdringender Mückensang, wie ein zarter, ganz hoher Geigenton.

Von weit draußen her tönte deutlich Stangengeklapper zu mir herüber. Hirsche scherzten dort mit ihren Ge-weihen. Von wieviel Leben war diese Nacht erfüllt! Als ich auf das Leuchtzifferblatt meiner Uhr blickte, erschrak ich fast: gleich Mitternacht. Wie im Fluge war mir die Zeit vergangen.

Über dem dunklen Wipfelmoor des Waldes erhob sich jetzt niedrig das schmale Silberhorn des abnehmenden Mondes, ohne jedoch Licht zu spenden. Die Nacht blieb dunkel und unergründlich. So saß ich lauschend, das Herz abwechselnd erfüllt von Hoffnung auf „Josephs" Erscheinen und von bangem Zweifel, ob er ausziehen werde. Und die Zeit verrann.

Es war genau 2 Uhr, als auf dem Buchenberg hinter mir ein Stück Rehwild anhaltend zu schrecken begann. Es wollte sich gar nicht beruhigen. Steil schlug die Flamme der Hoffnung in mir empor. Da war bestimmt Schwarzwild unterwegs, was konnte es sonst sein? Schon öfters hatte ich erlebt, daß Rehwild auf diese Weise die Ankunft der Sauen angemeldet hatte. Nach einer Weile angespannten Lauschens, die mir endlos dünkte, glaubte ich am Waldrand links von mir ein leises Brechen zu hören. Oder war es eine Sinnestäuschung? Durch das lichtstarke Nachtglas starrte ich hin, bis mir die Augen tränten. Da schien es mir, als löste sich ein riesengroßer schwarzer Schatten vom dunklen Hintergrund und glitte lautlos und gespenstisch ins Freie. Ich setzte das Glas ab, wischte mir über die Augen und sah wieder hin: Gegen den hellen Hafer sah ich jetzt deutlicher eine kolossale Wildgestalt am Schlagrand stehen

Schweres Fortkommen. (Ölgemälde von A. Mailick)

und regungslos ins Feld hinaus sichern. Mich durchfuhr es siedendheiß: der „Joseph“! Nur er konnte es sein. Das Stück setzte sich jetzt in Bewegung und zog gemächlich, aber unaufhaltsam ins Feld hinaus. Ich hörte den Hafer rauschen, den der Basse trotz des sehr guten Standes noch um ein ganzes Stück überragte. Was mußte das für ein Hauptschwein sein!

Hinter einer Anhöhe verschwand er mir, und ich fand nun Zeit, mein vor Aufregung und Jagdfieber wie rasend klopfendes Herz allmählich zu beruhigen. Wenn er nur eine halbe Stunde im Hafer blieb und keinen andern Wechsel zurück nahm, mußte es klappen. Ein Viertel vor drei zeigte jetzt meine Uhr, und wenn es auch noch kein Büchsenlicht war, lange konnte es nicht mehr dauern. Schon verblaßten die Sterne. Ein leichter Wind kam auf und wehte mir kühl ins Gesicht. Leise nahm ich die in der Ecke der Kanzel stehende Doppelbüchse und legte sie über die Knie.

Auf der Anhöhe, hinter der der Keiler verschwunden war, tauchte eine dunkle Wildgestalt auf, daneben eine zweite, die beiden Hirsche! Vertraut äsend zogen sie langsam näher und verweilten sich eine ganze Zeit lang in einer vom Bodennebel überwallten Senke, so daß nur die Geweihe herausragten, wenn sie sichernd die gekrönten Häupter hoben. Schließlich entschlossen sie sich zum Einziehen und kamen bedächtigen Schrittes, hier und da noch eine Rispe äsend, auf 50 Schritt an meinem Hochsitz vorbei.

Es war jetzt volles Büchsenlicht. Dichter wogte der Bodennebel über den tieferen Senken des Schlages. Unablässig suchten meine Augen das wellige Gelände ab. Da durchfuhr es mich wie ein Schlag. Auf der An-höhe mir gegenüber stand urplötzlich wie eine Geister-erscheinung eine schwarze Gestalt, das schwere Haupt hocherhoben, und sicherte spitz von vorn nach meiner Kanzel hin. Mir stockte der Herzschlag. Hatte der Keiler etwas gemerkt? Wohl eine Minute lang stand er so, regungslos, dann senkte sich das schwere Haupt, und in förderndem Troll zog das Hauptschwein auf meinen Hochsitz zu. 30 Schritte vor mir machte der Keiler eine plötzliche halbe Wendung nach links, ohne sein Tempo zu mäßigen, und zeigte die Breitseite. Als er eine niedrigere Stelle querte, die ihn bis zur halben Körperhöhe freigab, stand das Fadenkreuz in der richtigen Höhe vor dem Blatt, und mein Finger berührte den Abzug. Im Feuer war kein Zeichnen zu erkennen, aber der Keiler wurde im selben Augenblick hochflüchtig. Kurz vor dem Waldrand wurde ich die zweite Kugel los, die er mit einem Drehen seines Pürzels quittierte. Dann schlugen die weitherabhängenden Zweige der Randbäume hinter ihm zusammen.

Aufatmend setzte ich die Büchse ab. Er hatte beide Kugeln, dessen war ich gewiß, und nach meinem Ab-kommen mußten sie gut sitzen. Dennoch wollte ich ihm, um ganz sicher zu gehen, Zeit zum Verenden lassen. So verließ ich den Hochsitz, ohne auf die Anschüsse zu gehen, und schlug den Weg zum Forsthaus ein.

Auf halbem Wege kam mir eine Gestalt entgegen, den Rauhhaarteckel am Riemen. Es war Oberländer. Von 2 Uhr an hatte er auf der kleinen Bank vor seiner Haustür gesessen, in die Nacht gelauscht und richtig meine beiden Schüsse gehört, als es eben hell geworden war. Nun nahm er voller Spannung und in ehrlicher Mitfreude meinen langen Bericht entgegen. „Es wird doch nicht womöglich der Dreijährige sein?“, war seine vorsichtige Frage. Aber das konnte ich mit gutem Gewissen verneinen.
Auf dem ersten Anschuß fanden wir nichts außer ein paar kurzen Schnittborsten, auf dem zweiten dasselbe. Wir ließen den Hund am kurzen Riemen ein paar Schritt in den Bestand hinein arbeiten. Schon tupfte er mit der Nase auf den Boden und verwies den ersten Schweiß, hellroten, blasigen Lungenschweiß. Die Folge war ein Kinderspiel. Immer reichlicher lag der Schweiß rechts der Fährte, auf der Ausschußseite, und es hätte des Hundes gar nicht bedurft. Aber er sollte auch seine Freude haben. Hechelnd lag er im Riemen und drängte

ungestüm vorwärts. Bis plötzlich an einem kleinen Fichtenhorst der Riemen schlaff wurde. Dicht dahinter lag der Keiler, die Läufe unter sich, in seiner Fährte zusammengebrochen.

Welch ein Koloß an Wildpret. Ich war eine Weile ganz sprachlos, und auch O. schüttelte nur immer wieder den Kopf und murmelte: „Donnerwetter, Donnerwetter!“ Endlich faßte er sich und brach einen Eichenbruch, den er durch den Schweiß des Gestreckten zog und mir feierlich überreichte. Überglücklich steckte ich ihn an den Hut und drückte O. immer wieder stumm die Hand.

Beide Kugeln saßen gut, die erste mit Ausschuß hinter dem Blatt, die zweite, etwas schräg angetragene, ohne Ausschuß auf der Leber.

„Der ist ja noch stärker als meiner vom vorigen Jahr!“, meinte O. bewundernd. Das stimmte nicht. Er wog später bahnfertig „nur“ 180 kg, also 4 kg weniger. Ich glaube aber, daß er bis zum Oktober, dem Vergleichsmonat, durch die Eichelmast ganz sicher die Waage noch um 10 oder 15 kg tiefergedrückt hätte. In den Gewehren jedoch war er entschieden noch etwas besser als Oberländers Hauptschwein, sowohl in der Breite als auch in der Länge. Oft haben wir sie später nebeneinander gehalten und verglichen. Es ist der stärkste Keiler geblieben, der je in meinem Heimatrevier zur Strecke kam.

Die Stunde der Totenwacht, die mir so wertvoll ist, verbrachte ich neben dem Gestreckten sitzend, während O. den Wildwagen mit ein paar Männern zum Aufladen holen ging. So hatte ich Muße genug, all das Erlebte dieser einzigartigen Nacht nochmals vor meinem inneren Auge vorüberziehen zu lasen, dankerfüllten Herzens St. Hubertus, dem großen Schutzpatron, ein Rauchopfer nach dem andern darbringend. Als dann O. mit dem Wildwagen kam, hatten wir zu viert alle Mühe, den Bassen heraufzuwuchten.

Es war inzwischen 6 Uhr geworden, und unterwegs trafen wir die Kolonne der Leute, die mit ihren Sensen zu meinem Haferschlag zogen. Mochten sie, meinen Keiler hatte ich ja nun doch am allerletzten Morgen geschossen. Ich hielt an und rief die Leute heran, auch der kleine Joseph war dabei: „Wollt ihr mal einen „ganz großen“ Keiler sehen?“ Neugierig traten sie näher, und Joseph ergriff vorlaut das Wort und rief im Brustton der Überzeugung:

„Das ist ja der vom vorigen Jahr im Bremsenwinkel, der mir ans Leben wollte! Ich kenne ihn wieder, das ist ja der „Joseph“!“

WILD UND HUND Nr. 12/1956

Hauende Schweine

Von Oberförster i. R. Alfred Baars

Der Forstbeamte, der beruflich viel im Revier sein muß und dabei öfters ganz stille Teile seines Waldes durchstreift, hat hin und wieder das Glück, unverhofft ein starkes Stück Schwarzwild zu Gesicht zu bekommen. Andererseits gibt es Jäger, die auf Drück- und Treibjagden irgendwo angestellt werden und die jedesmal dort, wo sie stehen, entweder ein Fuchs oder eine Sau anläuft und die das Wild dann auch zur Strecke bringen.

Gerade bei schlechtem Wetter, wenn man zu Hause sitzt und „Trübsal bläst", kommt es einem unbeabsichtigt in den Sinn, heute da und dort hinzugehen und auf Sauen zu passen. Wenn ich auch nicht jedesmal bei dieser Vorausvermutung Waidmannsheil hatte, lag es öfters daran, daß ich an das vor Stunden gehabte „Gefühl" nicht mehr gedacht hatte oder ungeschickte Bewegungen oder ähnliches mir die guten Aussichten verdorben hatten. Auch hatte Diana manchmal ihre Hand über die Schwarzen gehalten und diese in Schutz genommen. Es kam aber auch vor, daß alles wie gewünscht klappte und eine der Sauen in die ewigen Jagdgründe einwechseln mußte. Über zwei ganz grobe Bassen, die ich leider nicht zur Strecke brachte, aber die es wert sind, daß Begegnungen mit ihnen geschildert werden, will ich berichten.

Der Graue Ulrich: Es war in der Letzlinger Heide, wo bis 1918 das Hofjagdrevier Kaiser Wilhelm II. war, als ich zur Ablegung der Revierförsterprüfung 1923/24 vom Harz nach Forstamt Planke versetzt wurde. Bald erfuhr ich vom alten Hegemeister Herbst, zu dessen Unterstützung ich eingeteilt war, daß sich im Revier ein sagenhafter Keiler, der „Graue Ulrich", öfters aufhielt oder durchwechselte. Der Keiler sollte, nach Beschreibung des Hegemeisters, sehr kurz, aber gut einen Meter hoch und eselsgrau sein. Sehr flüchtig war er selten, da er, wie Hegemeister Herbst sagte, „infolge seiner kurzen Läufe" nicht schnell fortkommen konnte.

Als der Winter kam und die erste Neue fiel, zog ich schon am frühen Nachmittag ins Revier, um einen Hasen auf dem Anstand zu schießen. Ich hatte seiner Zeit nur eine umgearbeitete 98er Büchse mit Zielfernrohr. Deshalb ging ich zum Hegemeister, lieh mir seine Doppelflinte aus und ließ meine Büchse in der Försterei. Kaum hatte ich den hohen Eichenbestand, der etwa 300 Meter von der Försterei entfernt war, erreicht, da seh ich den „Grauen Ulrich" auf 40 Schritt ruhig über das zehn Meter breite Gestell ziehen. Sofort machte ich kehrt, lief zur Försterei, nahm meine Büchse, ließ die Doppelflinte zurück und raste wieder zum Gestell. Da leichter Schnee lag, nahm ich die riesige Fährte auf und folgte ihr. Der Keiler hatte ein Kiefern-Altholz, unter dem eine kniehohe Naturverjüngung stand, durchzogen und in Richtung Försterei einen Alteichenbestand durchquert. Hier, am Gartenzaunrand, kamen mir die Gedanken: Wärst du nur hier einige Minuten stehengeblieben, anstatt nach dem Gestell zu rasen, dann wäre der Graue Ulrich dein! Ich nahm die Fährte wieder auf, umschlug die Alteichen und fand die Stelle, wo der Keiler ins Nachbarforstamt hinübergewechselt war. Wieder einmal war der häufiger, aber stets unverhofft gesehene Ulrich von Diana beschützt worden.

Im Frühjahr, als der Forstmeister auf dem Schnepfenstrich stand, lief ihn der „Graue Ulrich" auf 10 bis 15 Schritt an. Der Forstmeister war nur mit einer Doppelflinte und Schrotpatronen Nr. 7 versehen! Einige Zeit

Welcher ist der stärkste? (Zeichnung von A. Mailick)

später gab dicht an einer Hauptstraße, die durchs Revier führte, der DD-Rüde eines Kollegen Standlaut. Der sehr scharfe Hund hatte den Keiler, keine 20 Schritt vom Straßenrand entfernt, im Kessel überrascht. Der Förster nahm den Drilling von der Schulter, klappte ihn auf, wollte laden und stellte fest, daß er überhaupt keine Patronen bei sich hatte. So hielt der Basse das Gekläffe noch eine Weile aus und empfahl sich dann ungefährdet.

Als ich wieder versetzt wurde und mich just vor Abreise von dem Forstmeister und dem Hegemeister verabschieden wollte, sah ich den „Grauen Ulrich“ zum letztenmal vom Fahrrad aus. Meine Büchse war schon zum Bahntransport eingepackt, und mein Quartierwirt sollte den Koffer inzwischen zur Bahn bringen. So konnte ich dem „Grauen Ulrich“ nur ein freundliches Lebewohl zuwinken. Ich schätzte die Höhe des Keilers auf gut einen Meter, das Gewicht, infolge seiner kurzgedrungenen Figur, auf 240 Pfund, das Alter auf acht bis neun Jahre. Zur Strecke ist der Keiler aber bei den Forstbeamten in der Letzlinger Heide nicht gekommen. Später erfuhr ich, daß ein sehr starker Keiler gewildert worden sein soll.

Der Dicke Emil: Im April 1949 wurde mir die Revierförsterei Iba übertragen. Es ist ja bekannt, daß s. Z. infolge des Krieges das Schwarzwild sich ungewöhnlich vermehrt hatte. Und uns fehlten gänzlich die Gewehre! Der Amerikaner stellte den staatlichen Forstbeamten 98er Karabiner zur Verfügung die teils völlig ausgeschossen waren. Die Spitzen der Militärgeschosse wurden abgefeilt und auch eingebohrt, um eine bessere Wirkung zu erzielen. Sehr oft fährtete ich auf meinen Reviergängen Sauen. Nicht selten stand auch eine klobige Schwarzwildfährte allein im weichen Boden. Wie mir mein Forstmeister sagte, hinterließ ein grober Keiler, der „Dicke

Emil", wie ihn der Forstmeister getauft hatte, diesen ungewöhnlichen Tritt. Als Anfang Dezember die erste Neue fiel, zog ich gegen 21 Uhr ins Revier, um auf Sauen zu pürschen. In einem Eichenjungholz sah ich auf 40 Schritt eine sehr starke Sau nach Eicheln brechen. Der Riesenkeiler bekam die Kugel. Bei Taschenlampenbeleuchtung stellte ich nach 30 Metern den ersten Tropfen Lungenschweiß fest. Der Keiler war einen steilen Hang hinuntergeflüchtet, hatte die Straße überfallen und dann eine breite Wiese angenommen. Hier brach ich die Nachsuche ab und ging nach Haus.

Über Nacht waren weitere sechs Zentimeter Neu-schnee gefallen. Mit meinem Haumeister setzte ich die am Wiesenrand abgebrochene Nachsuche mit dem DD-Rüden fort. Der Hund mußte wiederholt mit den Vorderläufen bzw. mit der Nase den Schnee zur Seite schieben, um den Schweiß zu wittern. Nach einstündiger Nachsuche brachen wir diese ab, da überhaupt kein Schweiß mehr vorhanden war, auch unter den alten Fichten, in denen der Schnee nicht so hoch lag, aber die Fährte gut zu sehen war und es schon seit einer Stunde lustig weiterschneite. Ohne sich niederzutun, war der Keiler durch zwei große Fichtendickungen gezogen. Ein Zeichen seiner nicht tödlichen Verletzung! Der „Dicke Emil" hat das ganze Forstamt durchzogen und hat voraussichtlich noch eine weitere Strecke zurückgelegt. Gut drei Wochen hat der Basse mein Revier gemieden.

Erst bei der Nachsuche fiel mir ein, daß ich am Tage vor dem Schneefall auf einen Fuchs schießen wollte und dazu eine Patrone mit nicht abgefeiltem Geschoß geladen hatte. Beim Verlassen des Hochsitzes hatte ich die Patrone aus der Kammer herausgenommen und in die Rocktasche gesteckt. In der Nacht, als ich auf Sauenpürsch ging, hatte ich diese Patrone wieder in die Kammer bzw. in den Lauf geschoben, so kam der „Dicke Emil" mit dem Leben davon.

Als die erwähnten drei Wochen vorüber waren, fährtete ich den Keiler wieder häufiger. Im Laufe der Zeit stellte ich fest, daß er drei bevorzugte Distrikte, gerade in Fichtenstangenhölzern, hatte, wo er öfters angetroffen wurde. Die Kiefern-Fichten-Dickungen nahm er selten an und wenn, dann saß er ziemlich dicht an einem Weg, von wo er jede Bewegung wahrnehmen konnte. Meistens hatte er seinen Kessel im Kiefern-Buchen-Stangenholz, auch einmal im 110jährigen Fichten-Altholz. Hier war über Nacht vom Sturm ein mehrere Meter langer Wipfel herausgebrochen und schräg am Stamm stehengeblieben. Dort hatte der Keiler seine Lage gewählt, und ich machte „Emil" auf 30 Schritt Entfernung hoch, aber nach zehn Fluchten bergab war er schon nicht mehr zu sehen. Ich konnte mir im Laufe der Zeit bei Schneelage und weichem Boden ein recht genaues Bild über die Stärke der Fährte machen. Sie konnte man mit der einer Färse gut vergleichen, jedenfalls war sie stärker als die eines jagdbaren Hirsches. Das Gewicht schätzte ich 1952 auf 300 Pfund vor der Rauschzeit. Die Schrittlänge war weiter als die eines starken Hirsches. Ich habe über die auf den „Dicken Emil" abgegebenen 15 Schüsse und die Namen der Schützen genau Buch geführt und will hierüber kurz berichten.

Im Winter 1951 setzte früh Schneefall ein, der eine gute Neue brachte. Es war im Forstamt Wildeck Pflicht, bei jeder neuen Schneelage abzuspüren und bis 10 Uhr dem Forstamt über das Einkreisen Bericht zu geben. Bis 1953, als der Keiler zur Strecke kam, habe ich ihn nur zweimal in meinem Revier, und zwar in einer bestimmten Mischwald-Dickung, festgehabt. Der Dicke Emil erschien auch dem Plan gemäß und brauste über eine

Winterliche Notzeit. (Zeichnung von A. Mailick)

fünfjährige Fichtenkultur, wurde hier auf 30 Schritt zweimal vorbeigeschossen und war wieder gerettet.

Eines Tages war ich mit dem Forstmeister zusammen im Revier bei einer Holzabnahme. Er hatte „Schnapps" mit, einen sehr starken Kurzhaar-Teckel, der Brackenblut in seinen Adern führte, die Saujagd sehr genau kannte und eine klotzige Ausdauer hatte. Die Sauen brachte dieser Hund oft über vier Kilometer weit „auf Vordermann". Wir waren gerade mit der Holzabnahme fertig, als „Schnapps" am Rande eines Eichen-Buchen-Altbestandes in einem angrenzenden Dickungsrandstreifen Laut gab. Sofort war ich mit dem Forstmeister einig, daß er auf den Ball des Teckels losgehen soll und ich inzwischen so schnell wie möglich auf der sogenannten „Rückenlinie" im Buchenstangenholz vorpreschte und dort Posten faßte. Noch einige Male gab der Teckel giftig Standlaut. Jetzt erklang Hetzlaut, und kurz hintereinander fielen drei Schüsse. Resultat: ziemlich steil bergab im hohen Bestand glatt vorbei. Der Tekkel kam nicht wieder zurück und war, nachdem er den Emil lange Zeit gehetzt hatte, nach Hause gelaufen. Der Forstmeister, der „Emil" zum erstenmal aus der Nähe gesehen hatte, konnte nur mit dem Kopf schütteln und sagen: „Donnerwetter, ist das ein Klavier!"

Im folgenden Herbst, als der Mond schön hell schien, ging ich gegen 22 Uhr von zu Haus fort, pürschte eine lange Wiese entlang, auf der die Sauen stark nach Engerlingen gebrochen hatten, und betrat einen mit Gras bewachsenen Feldweg, der sich im Schatten des Waldes entlangzog. Dort stand der „Dicke Emil" auf 30 Schritt vor mir. Ich kniete mich hin und schoß etwas übereilt. Den Karabiner hatte ich zwischenzeitlich mit einem Zielfernrohr versehen lassen. Er schoß deshalb nicht besser, nur ein klareres Abkommen hatte man. Der Keiler nahm nach dem Schuß sofort den Wald an. In der Grasnarbe sah ich eine ziemlich lange Rille, die die Kugel gerissen hatte. Wieder vorbei!

Auf einer damals so genannten „Amijagd“, die von den amerikanischen Besatzungstruppen in der Woche oft ein- bis zweimal abgehalten wurde, schoß der „Cäpten“ Alexander einen Überläufer vorbei. Es war der Adjutant des „Dicken Emil“ gewesen, denn als der Schuß gefallen war, kam Emil im leichten Galopp hinterher und verschwand unbeschossen. Der Keiler nahm nie einen Berg an, denn hier kam er infolge seines Gewichtes nur langsam fort.

Eines Dezembertages, es lagen etwa 15 Zentimeter Schnee, der über Nacht gefroren war und beim Gehen viel Krach machte, ging ich zu den Waldarbeitern, und diese erzählten mir, daß sie oben im Felde den „Dicken Emil“ gefährtet hätten. Kurz danach kam der Forstmeister in den Schlag, dem ich davon berichtete. Über die vom Feldrand angrenzende Wiese, an der ich entlanggegangen war, stand keine Fährte in den Wald hinüber. So mußte also der Keiler in den schütteren Buchenstangenhölzern, die mit zwei kleinen Kiefernstangenhorsten durchstellt waren, stecken. Leider hatte der Forstmeister zu wenig Zeit, um auf den Keiler drücken zu lassen.

Auf dem Nachhauseweg ging ich querfeldein und traf hier die klotzige Fährte. Ich verfolgte sie auf wohl 200 Meter, als sie im rechten Winkel in das Stangenholz einbog. Meine Ahnung, „Emil“ mußte hier im Stangenholz sich eingeschoben haben, sollte sich bestätigen. Ich versuchte zwar, sehr leise vorwärtszukommen, aber auch der DD-Rüde trat die Eiskruste hart durch. Deshalb wohl hatte mich der Keiler doch gehört, und als ich über den Bergrand blicken konnte, sah ich den „Dicken Emil“ schon 80 Meter entfernt den Hang hinunterflüchten. Ich besah mir sein auf 40 Schritt vom Feldrand entfernt angelegtes Lager. Dieses war in einer zwei Meter langen Mulde tiefer gebrochen, und der Auswurf nach vorn geschoben, worauf der Kopf eine schöne Stütze fand und Emil den ganzen Hang beobachten konnte. Auf der Flucht hatte der Keiler die ihm im Wege stehenden schwächeren Buchen einfach umgeschoben.

Dann haben zwei Katasterbeamte und mein Haumeister, der die Beamten zu einer Grenze führte, wo ein neuer Grenzstein gesetzt werden mußte, den „Dicken Emil“ in einem geräumigen Fichten-Stangenholz aus seinem Lager, das wieder am Hang angelegt war, hochgemacht.

Im Oktober, als das Buchenlaub anfing, zur Erde zu wanken, ging ich gegen 10 Uhr die Rückenlinie entlang und kam dort vorbei, wo zwei Hünengräber nicht weit voneinander entfernt liegen. Das Buchenstangenholz war mit einigen stärkeren Fichten durchsetzt, die bis zur Erde noch Trockenäste trugen und 30 Schritt vom Rückenlinienweg entfernt standen. Mir fiel ein dunkler Haufen am Stamm einer Fichte auf, den ich noch nie gesehen hatte. Ich blieb stehen, um durchs Glas das dunkle Etwas anzusehen. Da stand der „Dicke Emil“ auf und flüchtete nach rechts, wo das zweite Hünengrab lag. Inzwischen hatte ich den Karabiner schußgerecht und wartete den Augenblick ab, in dem der Keiler auf der rechten Seite des Hünengrabes hervorkommen würde. Aber der Bursche war mal wieder schlauer. Genau bis zur Mitte hinter das Hünengrab ist er geflüchtet, dann im rechten Winkel nach links in den Bestand eingebogen und hat sich somit für mich unsichtbar empfohlen.

Zur Rauschzeit war der Keiler am Tage selten bei der Rotte, und wenn er es gewagt hatte, verließ er diese und bummelte weite Strecken ab. Erst in der Nacht suchte er die Rotten auf, wo es dann für die Nebenbuhler gewaltige Schmisse gab. Bei Neuschnee verließ er tagsüber oft ein- bis zweimal seinen Kessel und war somit selten einzukreisen.

Als die Rauschzeit 1953 vorbei war, saß ein Jagdpächter nachts bei Schnee und Mondschein am Feldrand rund 12 bis 15 Kilometer von meinem und des „Dicken Emils" Revier entfernt auf Ansitz. Gegen zwölf Uhr erschien dies „Riesentier" und erhielt die Kugel. Am nächsten Tag fand die Nachsuche statt. Der Keiler hatte noch eine ziemliche Reise gemacht und erhielt im Wundbett im Staatswald den Fangschuß. Das bahnfertige Gewicht betrug nach der Rauschzeit noch 286 Pfund. Mein vorher geschätztes Gewicht von 300 Pfund wird wohl gestimmt haben. Die Länge des Lagers konnte ich ja zweimal auf zwei Meter feststellen. Das Alter schätze ich auf sieben bis acht Jahre.

WILD UND HUND Nr. 15/1962

Kuriose Saujagderlebnisse

Von Heinrich Batz

Als junger Forstmann kam ich an das Forstamt Rohrbrunn im Spessart und erlebte dort im Jahre 1913 die letzte Hofjagd unter König Ludwig III. von Bayern. Nun, die Hofjagd verlief im herkömmlichen Rahmen, aber die Bevölkerung war enttäuscht, daß die nach dem Empfang des alten Prinzregenten Luitpold üblichen Vergünstigungen ausfielen. So für die Schulkinder der Weck mit der Knackwurst, für die Feuerwehrleute und Treiber das Freibier.

Um die verärgerten Leute etwas zu besänftigen, legten die Forstleute zusammen und kauften ein großes Faß Bier für sie. Daß ein Versagen der Hofleitung vorlag, wollten die Leute nicht glauben und schoben die Schuld dem König zu. So wurde auch die Einleitung zu seiner Begrüßungsrede, die er vom Balkon des Schlößchens hielt, und wobei er sagte: „Es tut mir leid, von der Stelle aus, wo mein seliger Vater so lange Jahre sein Spessartvolk begrüßte, euch zu begrüßen“, von der empfindlichen Volksseele so ausgelegt, als ob es dem König leid täte, sie begrüßen zu müssen. Die Forstleute hatten alle Mühe, den wirklichen Sinn der Worte des Königs klarzustellen. Durch diese Vorkommnisse, an denen der König vollständig unschuldig war, verlor er viel Sympathie bei den Spessartern.

Doch nun zu damaligen und späteren Saujagden. Nach der Jagd meldeten die Treiber, daß ein Hund einen kranken Keiler stelle. Der Jagdleiter gab einem jungen Referendar den Auftrag, dem Keiler den Fangschuß anzutragen. Der wollte aber seinen Mut beweisen, nahm eine

Saufeder und verkündete: „Das werden wir gleich haben!“ Die Warnung erfahrener Jäger, daß mit der Saufeder im dichten Zeug nichts anzufangen sei, nahm der junge Mann nicht ernst und zog mit zwei Treibern los. Es dauerte nicht lange, da kam einer der Treiber angesprungen und schrie: „Es soll einer mit dem Gewehr kommen.“ Auf die Frage, wo der Mutige mit der Saufeder sei, erfolgte die Antwort: „Der Referendar hockt auf dem Baum und der Keiler auf der Saufeder.“ Auch hier ging es so: Wer den Schaden hat, braucht für den Spott nicht zu sorgen.

Da fällt mir der türkische Konsul ein, der im fürstlichen Park einen Keiler schießen wollte. Mein Kollege und ich waren dabei. Auf den Hinweis meines Freundes, daß ein achtfaches Zielfernrohr für das Flüchtigschießen ungeeignet sei, kam die Bemerkung: „Ach was, damit habe ich schon mehr geschossen.“ Schon im ersten Treiben fehlte der Herr Konsul zwei grobe Sauen, während mein Freund einen Frischling erlegte. Darauf nahm der Gast das Zielfernrohr ab. Aber auch ohne dieses traf er keine Borste. Nun erbat er sich die Büchsflinte eines Försters; auch damit fehlte er Sau auf Sau.

Schließlich war es Abend geworden, und das letzte Treiben wurde angeblasen. Kurz darauf fiel beim Konsul wieder ein Schuß. Nach dem Treiben kam er zu mir und sagte: „Dieser Fehlschuß ist für mich der Beweis, daß ich doch noch treffe.“ Als ich ihm antwortete: „Da komm ich nicht ganz mit“, bat er mich zu seinem „Anschuß“. Dort zeigte er auf eine Buche, auf der die Kugel in richtiger Höhe saß, und sagte: „Sehen Sie, den ganzen Tag habe ich daneben geschossen, und da dachte ich, ich halte einfach auf den Baum, hinter dem die Sau steht, da geht es links oder rechts vorbei, und die Sau liegt. Aber ausgerechnet dieser Schuß sitzt dort, wohin ich zielte.“

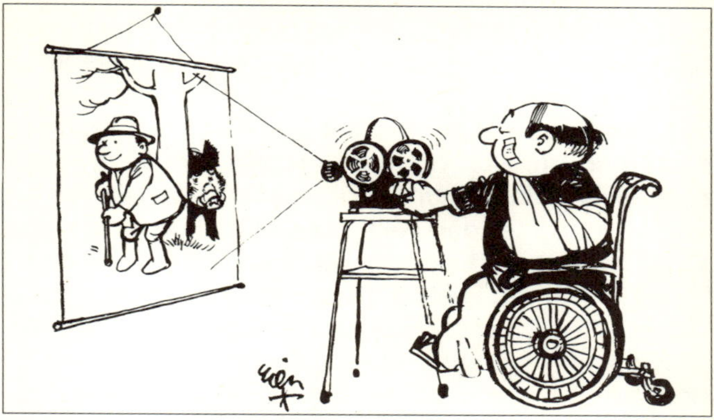

Rückwechsel der Erinnerung.
(Zeichnung von Rien Poortvliet)

Das Mißgeschick beeinträchtigte weder seinen Appetit noch seinen Humor, und so haben wir noch einen gemütlichen Abend erlebt.

Ein Arzt aus dem Rheinland schoß gleich im ersten Treiben seine erste Sau. Der ihn begleitende Förster sagte: „Waidmannsheil, ein Keiler!“ Nach Beendigung des Treibens gingen beide zur gestreckten Sau, der Förster überreichte dem Schützen einen Bruch und meinte: „Ein guter Keiler!“ Der Arzt hob einen Hamer hoch und sagte enttäuscht: „Kein Basse.“ Der Förster darauf: „Glauben Sie mir, es ist ein Keiler, das sehen Sie doch am Gewaff und am Pinsel. Was sie suchen, das ist beim Keiler inwendig.“ Der Gast: Hah, hah, ein Zwitter, daher der treffende bayerische Ausdruck Geiler!“

Bei einer für amerikanische Armeeangehörige veranstalteten Treibjagd wollte der Offizier unbedingt eine von ihm angeschweißte und von den Hunden gestellte Sau selbst angehen, obwohl wir ihm abrieten. In der einen Hand das Gewehr, in der anderen die Pistole, stürmte er in das Dickicht, ohne Rücksicht auf den Wind. Aber noch schneller als er eingedrungen war, kam er käsebleich und ohne Gewehr und Pistole wieder heraus und ließ sich erschöpft nieder. Mit seinen Gesten und einigen deutschen Brocken versuchte er, uns den Sachverhalt zu schildern, den wir uns schon gedacht hatten. Als ich mich anschickte, den Keif anzugehen, wollte er mich daran hindern und meinte: „Morgen Schwein kaputt." Ich ließ mich natürlich nicht abhalten, und nach zehn Minuten fiel der Fangschuß. Das Gewehr hatten wir bald, aber bis die verlorene Pistole gefunden war, verging einige Zeit. Auf dem Weg zur Korona bat der Offizier uns, von diesem Vorfall nichts zu erzählen. Diesen verständlichen Wunsch erfüllten wir ihm.

Bei einer Treibjagd in meinem Bezirk hörte ich plötzlich in der Nähe, nach dem Verschweigen der Hunde und weit vor der Treiberlinie, einen Jungen um Hilfe nach seinem Vater rufen. In der Annahme, er sei von einer Sau angenommen, sprang ich so schnell wie möglich auf die Hilfeschreie zu. Im ersten Augenblick erschrak ich, denn der Junge lag am Boden. Als ich aber bei ihm war, mußte ich lachen. Er lag auf einem Frischling und hielt ihm mit beiden Händen das Gebrech auf. Die Hunde zerrten an dem Frischling, einer hinten, einer vorn. Auf meine Aufforderung, etwas Platz zu machen, damit ich den Frischling abfangen könne, sagte der Bub: „Ich kann aber nett runter! Der Frecker beißt!"

Da hatten wir einen alten Obertreiber, der bei keiner Jagd fehlte und seinen Schneid mehrfach bewiesen hatte. Einmal schrie er plötzlich mitten im Treiben um Hilfe. Als ich bei ihm war und keine Gefahr sah, fragte ich ihn, warum er so brülle. Da kam die Antwort: „Meine Brille, meine Brille, ich habe sie verloren." Dabei hing die Brille an einem seiner Ärmel.

Gelegentlich einer anderen Treibjagd auf Sauen ging mein Nachbarschütze in Anschlag, als ihn ein Keiler anlief. Da aber kein Schuß fiel, glaubte ich, er habe vergessen zu laden. Gleich darauf war der Keiler bei mir, ich konnte aber auch nicht schießen, denn an seinem Pürzel hing Struppi, ein Drahthaarfoxel, der den Keiler „bremsen" wollte, indem er sich mit den Läufen entgegen der Fluchtrichtung in den Boden stemmte. Dies hatte Struppi schon öfter gemacht und Frischlinge so lange gehalten, bis sie abgefangen werden konnten. Es war vorauszusehen, daß dieser Hund eines Tages ernstlich geschlagen würde. Schon bei einer der nächsten Jagden war er verschwunden.

In einem Jahr hatte ich zweiundzwanzig Saujagden mitgemacht, ohne dabei zu Schuß zu kommen, obwohl bei jeder Jagd Sauen vorkamen. Doch bei der nächsten wendete sich das Blatt. Ich stand auf dem Rückwechsel, und die Treiber waren schon längst vorbei, als ich eine Sau anwechseln hörte. Plötzlich war es wieder ruhig, und ich befürchtete, sie sei nicht mehr da. Da wurde ein Dackel laut, und gleichzeitig mit dem Laut hörte ich das bekannte Tipptapp wieder. Da trollte die Sau dreißig Schritt seitlich von mir über die Schneise. Auf den Schuß flüchtete sie weiter, doch war ich meines Schusses sicher.

Der Laut des Hundes kam näher, und schon hörte ich wieder Sauen flüchtig auf mich zukommen. Genau auf dem Wechsel der ersten erschienen drei Überläufer, von denen ich den letzten beschoß. Auch er flüchtete weiter. Da erschien der Dackel und jagte lauthals weiter. Doch auf einmal brach der Laut ab, und ich hörte unweit von mir das Knurren des Hundes. Es dauerte nicht mehr lange, und das Treiben war aus. So konnte ich auf den Hund zugehen. Er zerrte an dem Überläufer herum. Ich ließ

Vom Schuß bis zum Aufsetzen der Waffen.
(Zeichnung von Rien Poortvliet)

ihm seine Freude und folgte einer deutlich sichtbaren Schweißfährte. Nach ungefähr hundert Schritt stand ich vor einem vierjährigen Keiler. Ein Stein war mir vom Herzen gefallen, daß es keine Bache war, wie ich befürchtet hatte, nachdem die Überläufer allein gekommen waren.

Der Bann war gebrochen, und auf einer Treibjagd im fürstlichen Park konnte ich aus einer Rotte fünf Frischlinge mit fünf Schuß erlegen. Das war nicht einmal schwer, denn die Rotte mußte vor mir erst einen Bach durchrinnen und dann an einem steilen Ufer hochklettern, bevor sie die Straße überqueren und am Steilhang weiterflüchten konnte. Auf dieser Jagd hatte ich überhaupt Dusel, denn ich schoß noch drei Frischlinge ohne Fehlschuß. Das war die höchste Strecke, wenn auch nur Frischlinge, die ich je hatte.

Gelegentlich einer Treibjagd beschoß mein Nachbarschütze zurückwechselnde Sauen. Wir standen sehr weit auseinander, und es dauerte einige Zeit, bis mir die Rotte kam, leider zu weit. Nach dem Ende des Treibens sagte mir der Schütze, seine Kugel sitze auf einer Stange, doch vorsichtshalber sei er der Fluchtfährte nachgegangen und habe dabei keinen Tropfen Schweiß gefunden, so daß er annehme, gefehlt zu haben.

Auf dem Weg zum Sammelplatz bemerkte ich so nebenbei, daß dies auch meine Ansicht sei, denn die vier Sauen seien gesund gewesen. Darauf der Schütze: „Sie sagen vier Sauen, bei mir waren es aber fünf. Da stimmt was nicht, da muß sich ein Stück abgetrennt haben, schauen wir lieber nochmals nach.“ Wir gingen die Fluchtfährten, die leicht im Laub zu erkennen waren, aus und kamen an einen Buchenaufschlaghorst. Bis hierher hatte der Schütze nachgesucht. Als wir den Horst umschlagen hatten, sahen wir den Überläufer vierzig Schritt weiter liegen. Beim Aufbrechen stellten wir fest, daß ein Querschläger weidwund eingedrungen war und die Lunge durchschlagen hatte. Ausschuß war nicht da.

Zufall war es auch, als ich als einziger Schütze auf dem Rückwechsel eines Treibens stand und eine Sau zwanzig Schritt vor mir in der Dickung verenden hörte. Sie war auf der Stirnseite beschossen worden und in die anstoßende Dickung geflüchtet. Dort hatte sie gewendet und war ungesehen ins erste Treiben getrollt. Ich ging nach dem Abblasen in die Richtung der Geräusche, die allmählich verstummten, und fand eine bereits verendete Bache vor. Als ich zum Sammelplatz kam, lag eine Sau auf der Strecke. Der Schütze erzählte, daß ihn drei stärkere Sauen angelaufen hätten, von denen er zwei beschießen konnte. Die eine hätte sofort gelegen, die andere sei scheinbar gefehlt, denn Schweiß wäre nicht zu finden. Als ich meine Beobachtung erzählte, wollte man mir erst gar nicht glauben.

Bei einer Treibjagd schob sich ein angeschweißter Überläufer noch im Treiben ins Wundbett. Ich konnte das beobachten, aber nicht schießen. Bald darauf kam ein Hund und verbellte die Sau. Als die Treiber da waren, ging einer von ihnen, Max, auf den Laut zu, schob die Büsche auseinander und sah den Überläufer zwischen sich und dem Hund sitzen. Da fuhr die Sau hoch, Max meinte, sie wolle ihn annehmen, ließ seinen Treiberstekken fallen, schrie: „Heilige Muttergottes!“, übersprang mit einem Satz die Sau und rannte bergab; die Sau, vom Hund gehetzt, hinterher. Im Schuß ging der Überläufer kopfüber, aber Max rannte weiter. Vor Lachen war es mir unmöglich, ihn zu bremsen. Endlich hörte ich ihn aus sicherer Entfernung fragend rufen: „Gell, er is hie, der Dunnerkeil?“

In dieser Zeit wurden Sauen im Stadtwald gefährtet, auf die wir am nächsten Tag jagten. Da kein Schnee lag, wurde aufs Geradewohl gejagt. Der ganze Vormittag war erfolglos verlaufen. Nach der Mittagspause waren wir auf dem Weg zu einem neuen Treiben. Plötzlich gab der Hund des Forstmeisters unter uns an einem Hang

Standlaut, und dieser sagte zu mir: „Der Waldi hat die Sauen, lauf schnell hinzu.“ Nichts tat ich lieber als das. Als ich mich dem Standlaut näherte, wurde ich vorsichtiger. Endlich erblickte ich den Hund, war aber sehr enttäuscht, als ich ihn an einem Baum hochspringen sah, auf dem ich schließlich eine Katze entdeckte. Der Schuß ließ den Kater vom Baum fallen, und Waldi beutelte ihn tüchtig.

Nachdem der Laut des Hundes nach dem Schuß verstummt war, meinte der Forstmeister: „Der Waldi ist ruhig, der Batz hat eine Sau geschossen.“ Darauf rannten die Kollegen mir entgegen und waren natürlich maßlos überrascht, statt der sicher erwarteten Sau einen Kater zu sehen.

Unser Obertreiber war ein mutiger Mann. So manchen Frischling oder schwächeren Überläufer, den die Hunde hielten, zog er mit seinem Krückstock nieder, kniete sich darauf und fing sie mit dem Jagdmesser ab. Wieder einmal zeigte er sein Können. Er war dabei, einen Frischling abzufangen, als die Bache unbemerkt herankam und den Mann mit einem kräftigen Stoß zur Seite schlug. Dabei verlor er das Messer und die Scheide dazu, die er immer im Mund hielt. Schlimmer war, daß er sich beim Sturz die Nase so aufschlug, daß sie tüchtig blutete. Seine Hilfeschreie verstummten bald, so daß nichts Ernstes zu befürchten war. Als er zu uns kam, das Gesicht mit Blut beschmiert, den Riecher geschwollen, mußten wir lachen. Ärgerlich meinte der Obertreiber darauf: „Jetzt müßt ihr mich auch noch foppen, hättet ihr das Toben und Brummen der Alten erlebt, so wäre euch das Lachen vergangen.“

Einem alten Jäger, der noch nie auf Sauen gejagt hatte, kam ein sehr starker Keiler. Auf zehn Schritt trollte er an ihm vorbei. Als das Treiben abgeblasen war, kam er zu mir, da ich sein Nachbarschütze war, und sagte ganz aufgeregt: „Das Schwanzle hat's geringelt g'habt wie e Tabakspfeifle." Auf die Frage, warum er nicht geschossen hatte, kam ehrlich die Antwort: „In der Aufregung hab ich das Schießen ganz vergessen."

Wieder einmal mußten wir eine Treibjagd für Besatzungssoldaten abhalten. Ich stand ohne Gewehr hinter einem Offizier, der uns vor Beginn der Jagd durch seine deutsche Begleiterin sagen ließ, daß wir hoffentlich auch dort jagten, wo Sauen vorkämen. Gleich im ersten Treiben kam eine Rotte Sauen bei uns heraus. Auf den Schuß fiel zwar keine Sau, aber der Offizier lag am Boden und hielt sich jammernd das Gesicht. Das Zielfernrohr hatte beim Rückstoß auf der Stirn eine klaffende Wunde verursacht, die tüchtig blutete. Schadenfreude ist bekanntlich die reinste Freude, ich durfte sie mir aber nicht anmerken lassen, sondern mußte Bedauern heucheln. Die Jagd war vorbei. Nachdem der „Saujäger" im Forsthaus notdürftig verbunden war, reiste die Gesellschaft ab. Ich habe sie nie mehr bei einer Jagd gesehen.

Vor dem Zweiten Weltkrieg wurde der Abschuß von Sauen im fürstlichen Park meist von zahlenden Gästen getätigt. Bei der Festsetzung der Abschußgebühr für Keiler wurde das Alter zugrunde gelegt. Beim Strecken wurde ein Keiler als sechsjährig angegeben. Prinz Albrecht von Bayern, Gast des Fürsten, fragte mich als den Nächststehenden: „Wie alt schätzen Sie den Keiler, der ist doch keine sechs Jahre alt?" Ich antwortete: „Vier Jahre."

„So ist auch meine Schätzung, warum gibt man denn das Alter zu hoch an?"

„Ja, im Park sind die Keiler alle älter. Jedes Jahr kostet nämlich 100 Mark mehr." Schmunzelnd nahm der Prinz diese Erklärung zur Kenntnis.

Ein Arzt aus der Nachbarschaft schoß einen Frischling, als dieser aus dem Bach ans Ufer kam. Um zu verhindern, daß der noch schlegelnde Wutz ins Wasser rutschte, sprang er schnell hinzu, erwischte einen Hamer und hielt die Sau daran fest. Doch eine rasche Bewegung des Frischlings, womit der Doktor nicht gerechnet hatte, schleuderte ihn in den Bach. Der war zwar nicht tief, aber das Wasser reichte, um den aufgeregten Doktor schön abzukühlen.

Ein Treiber trat eines Tages mit zerrissener Hose aus der Dickung. Ein Frischling, den die Hunde festhielten und den der Treiber abfangen wollte, war mit einem Hamer in den Hosenbund gekommen und hatte das Hosenbein der Länge nach aufgeschlitzt. Zum Schaden kam der Spott der Kameraden.

Bei einer Zusammenkunft zu einer Treibjagd, die nach den Hofjagden stattfand, fragte unser Forstmeister den als besten Schützen des Spessarts bekannten Förster Lenz nach dem Verlauf der Hofjagden. Mit ernster Miene sagte der Förster: „Der Regent wird halt a rechts altes Mannle, von ihm kann man net mehr verlangen, aber an Kriegsminister ham wir, da muß man sich grad schama, 88 Schuß und nur 11 Sauen. Oh mei, Herr Forstmeester, ham mir an Kriegsminister."

WILD UND HUND Nr. 14/1967

Siebenbürger Keiler

Von Hans Reisenbüchler

Hell scheint der Mond, als es an mein Schlafzimmerfenster klopft. Seit Tagen liegt eine hohe Schneedecke über den Siebenbürgischen Fluren, und die Raubwildjäger sitzen fast jede Nacht in der Luderhütte. Der erste Wolf ist bereits zur Strecke, der jüngste der drei Brüder, Siegmund, hatte Waidmannsheil. Seither fahren sie mit dem Pferdeschlitten jeden Nachmittag hinaus, in ihren weißgetarnten Jagdpelzen, warmen Filzstiefeln und Pelzmützen Eskimos ähnlich. Am Abend hatte ich sie die Hermannstadter Straße hinunterfahren sehen. Waidmannsheil, rief ich ihnen nach. Peitschenknall und Winken waren ihr Waidmannsdank. Als ich zum Fenster gehe und öffne, steht Kurt, einer der Brüder, vor mir.

„Heute hatten wir interessanten Besuch an unserem Luder. Kurz nachdem Helmut einen Fuchs erlegt hatte, sahen wir am Waldesrand eine Rotte Sauen. Sie äugten herüber zu uns, kamen aber nicht näher. Dann zogen sie gegen die Herrenkappe." Die Herrenkappe ist ein bewaldetes Bergrevier, wo das Schwarzwild sich sehr gern steckt.

„Waren es viele Sauen?"

„Es werden an die zwanzig Stück gewesen sein. Genau konnten wir das nicht ausmachen, denn sie standen teilweise im Waldschatten. Als sie sich in Bewegung setzten, fielen uns aber mehrere ganz grobe Keiler auf."

Nun ist für mich die Nacht zu Ende. Wir haben Donnerstag, also mitten in der Woche. Hermann, mein alter

Jagdfreund, ist immer für die Saujagd zu haben. Aber wie kann ich ihn verständigen? Er wohnt eine halbe Stunde entfernt, und schicken kann ich niemanden um diese Zeit. Da fällt mir der Polizeichef ein. Er hatte uns schon wiederholt gebeten, ihn mal zur Saujagd mitzunehmen. Eigentlich ist er ein ausgesprochener Sonntagsjäger mit wenig Jagdkenntnis, aber was kann er uns schaden. Also rufe ich ihn an. Ich mag hier seine Begrüßungsausdrücke nicht wiedergeben, aber in der rumänischen Sprache ist's nie so ernst gemeint wie's ausgesprochen wird. Er horcht auf, als ich ihm mitteile, was ich von Kurt erfahren habe. Natürlich geht er mit. Dann bitte ich ihn, Hermann zu verständigen, in einer Stunde sei ich fahrbereit. Noch im Dunklen müssen wir die Stadt verlassen, um den schlechten Mäulern nicht wieder Anlaß zum Klappern zu geben.

Meine Meute, aus vier herrlichen Saurüden bestehend – Dudasch, Max, Horst und Falke –, hat schon mancher Sauhatz den Erfolg gebracht: Max ist eine Kreuzung zwischen Foxterrier und Dachsbracke, also etwas kurz auf den Läufen, aber von einer Ausdauer und einem Schneid, wie sie nur die Foxerl haben. Dudasch, Horst und Falke sind hochläufige Bracken. Horst und Falke, jüngere Wurfbrüder, haben schon bei einigen Hatzen gut mitgeholfen und versprechen, eines Tages Dudasch und Max zu ersetzen. Als mich die Hunde erblicken, geben sie laut Hals und jaulen vor Jagdlust. Aber ein Ruf bringt sie sofort wieder in ihre Hütten.

Der Mond ist inzwischen hinter den Wolken verschwunden, als wir die Stadt zu dritt verlassen. Der Fahrer läßt uns unterhalb der Herrenkappe absteigen und begibt sich wieder heimwärts. Nun machen wir mit Hermann einen Jagdplan. Vor allem müssen wir erst einmal die Fährten der Rotte finden. Also geht's waldaufwärts.

Im Knall. (Zeichnung von Adalbert Meckel)

Oben angekommen, suchen wir mit unseren Ferngläsern die Umgebung nach den Saufährten ab, finden sie aber nicht. Die Sauen müssen doch wieder abgedreht und eine andere Richtung eingeschlagen haben. Der Schnee liegt hoch auf der Lichtung, und die schneebedeckten Sameneichen, deren Stämme einen Durchmesser von fast zwei Metern haben, stehen auf der Blöße wie historische Denkmäler.

Kein Laut zu hören. Ringsum Winterstille, die nur hin und wieder von vorüberziehenden Rabenvögeln mit groben Rufen gestört wird. Alle Fährten und Spuren, die wir bisher überschritten haben, waren von Rehen, Füchsen, Eichhörnchen und zwei Wölfen. Und doch müssen auch die Sauen hier irgendwo durchgezogen sein, denn Kurt ist ein erfahrener Jäger und hat sich ganz gewiß nicht getäuscht. Also geht's weiter dem letzten der Eichenüberhälter entgegen. Da, plötzlich sehen wir ein Fährtendurcheinander im Schnee. Die Rotte Sauen! Unterdessen ist die Sonne aufgegangen, und in ihrem Schein glitzern Schnee und Rauhreif an den Gräsern – und Schweiß! Schweißspritzer hier und da, dann eine richtige Schweißfährte. An einigen Stellen leuchtet der Schnee wie rotgefärbt.

Was ist hier vorgegangen? Wir blicken alle drei auf das Fährtenbild, suchen dann im Umkreis, finden nichts, das Klärung andeutet. Hat jemand eine Sau krankgeschossen? Nein, das kann nicht sein, denn dann wäre er gekommen, um sich zu überzeugen, ob er auch getroffen hat, und wir müßten seine Spuren hier vor uns haben. Außerdem liegt ungewöhnlich viel Schweiß an verschiedenen Stellen. Schließlich sind wir sicher: Hier haben sich zwei Keiler gerauft, und jeder hat offenbar einige Schmisse abbekommen.

Während wir uns flüsternd unterhalten, ziehen die Hunde, von der Wittrung erregt, an ihren Ketten, jaulen und wollen weiter den Fährten nach, die an der Berglehne hinunterführen ins freie Feld. Mitten hindurch verläuft ein Graben, und an diesem entlang zog die Rotte. Weit können wir die Fährten aber mit unseren Gläsern nicht verfolgen, weil der Schnee blendet und die Sonnenstrahlen grell widerspiegelt.

So bleibt nur übrig, die Fährten „aufzuwickeln“ und ihnen zu folgen. Mit meinen Hunden Dudasch und Max werde ich das tun, während Hermann und unser Polizeichef namens Enache oben auf der Berglehne im Wald weitergehen. Wenn sie auf die Fährten stoßen, werden sie kurz durch den Gewehrlauf blasen, so verabreden wir uns. Diese Laute nennt man bei uns Tetteln. Wir geben damit Zeichen, wenn wir uns suchen, oder rufen auch auf diese Weise die Hunde zurück.

Dudasch ist in einem unbewachten Augenblick schon auf der Schweißfährte abgegangen, der zweite Rüde Max folgt mir aber gehorsam. Mit seinen kurzen Läufen zieht er es vor, hinter mir in den Schuhspuren zu folgen und nicht durch den Schnee zu waten.

Kaum bin ich im Tal 200 m weit vorangekommen, höre ich in der gegenüberliegenden Lehne, einem etwa vierjährigen Dickicht, Dudasch lautgeben. Also hat er die Sauen ausgemacht und verbellt sie schon. Ob Hermann ihn vernehmen kann? Ich bleibe ruhig in der Hocke sitzen, und mit einigen kurzen Tettlern aus meinem Drilling rufe ich Dudasch ab. Ich sehe ihn in großen Sprüngen auf mich zueilen und nehme ihn dann an die Kette. Anschließend geht es hinüber zu dem Dickicht, wo wir schon wiederholt Sauen fest hatten.

Kurz darauf erkenne ich Hermann und Enache, sie haben Dudaschs kurzen Standlaut gehört und versuchen, so schnell wie möglich zu günstigen Ständen zu gelangen.

Durch das Dickicht führt ein zwei Meter breiter Weg, auf dem seinerzeit die Baumstämme abgeschleppt wurden. Diesen Serpentinenpfad gehe ich langsam hinauf und schnalle Dudasch, der gleich suchend im Gestrüpp verschwindet. Mitunter bleibe ich stehen und horche nach allen Seiten. Da sehe ich Dudasch mit hoher Nase auf mich zukommen. Er flitzt an mir vorüber und schlägt einen Haken nach links die Lehne hinauf.

Standlaut! Mein zweiter Rüde, der bislang hinter mir war, stürzt sich in den Schnee und arbeitet sich zum Laut vor. Ich muß versuchen, über den Standlaut zu gelangen, denn von hier unten kann ich nichts sehen, außerdem könnten die Sauen Wind bekommen. Also laufe ich einige

Schritte vor und klettere durch Dornen- und Schlehengestrüpp zu der Stelle hinauf, wo die Hunde verbellen.

Nun kann ich hinuntersehen und erkenne Dudasch und Max, die etwa zehn Schritte unter mir Hals geben. Urplötzlich schießt aus dem verschneiten Gestrüpp eine Sau blitzschnell auf die Hunde los, die genauso schnell auseinanderstieben und sich unter die schneebehangenen Stauden retten. Ich riß bei dem Ausfall den Drilling an die Wange, komme aber nicht mehr zu Schuß, weil die Sau sofort wieder im Dickicht verschwindet. So bleibe ich im Anschlag und warte. Immer wieder geben die Hunde Laut, und auf einmal bricht die schwarze Masse erneut hervor. Diesmal werde ich fertig, und der Brennekeschuß reißt die Sau zu Boden.

Die Hunde werfen sich auf die Beute und zerren an ihr. Ich habe mich schließlich durchgearbeitet und sehe einen zweijährigen Keiler, ungefähr 110 kg schwer. Mit meinem Jagdmesser breche ich ihn auf und werfe den Hunden das Gescheide zu. Da, ein Pfiff. Über mir schaut Hermann die Lehne herunter. Als ich ihm antworte, kommt er näher und zeigt sich erstaunt über den erlegten Keiler. Oben hatten sie weder Schuß noch Standlaut der Hunde gehört.

Wir lassen den Keiler liegen und versuchen, noch einmal an die Sauen zu kommen. Kaum sind wir 50 Schritte weiter, verbellt Dudasch von neuem. Max ist sofort dabei, und auch die anderen Rüden werden von Hermann geschnallt. Nun erschallt die schönste Musik, die es für einen Saujäger gibt, ein vierstimmiges Geläut, daß einem das Herz hoch im Halse schlägt.

Das Angehen müssen wir aufgeben, denn das Gestrüpp ist so dicht und verfilzt, daß man wie eine Fliege im Spinnennetz hängenbleibt. Also eilen wir weiter hinauf, um vielleicht der ausbrechenden Sau die Kugel antragen zu können. Als wir oben ankommen, haben Hunde und Sau schon den Kammweg überfallen und sind in der steil abwärtsführenden Schlucht verschwunden.

Vorsichtig nähere ich mich der Wand und will hinuntersehen, wo die Hunde verbellen. Dabei trete ich jedoch ein wenig zu weit vor und sause den Abhang hinunter. Der Drilling entfällt mir, ich versuche, mich an den herunterhängenden Stauden festzuhalten, aber unter meinem Gewicht biegen sich Äste und Bäumchen und halten nicht. Ich überschlage mich kopfüber, rutsche und falle weiter nach unten und lande einige Schritte vor der gestellten Sau. Zum Glück nicht verletzt, springe ich sofort auf die Beine, stütze die Füße rechts und links in die Schluchtwände und stehe mit gespreizten Beinen vor der Sau.

Eine mulmige Situation! Kaum hat sie mich eräugt, schüttelt sie die Hunde ab und nimmt mich mit weit aufgerissenem Gebrech an. Ich hörte noch Hermann rufen: „Paß auf, sie beißt dich!“, dann greife ich in höchster Bedrängnis mit beiden Händen blitzschnell zu, packe die Sau über dem Wurf und drückte ihn in den Schnee. Undeutlich sehe ich, wie sich die Meute in die Keule der Sau verbeißt.

Freund Hermann, der von oben alles verfolgen konnte, will mir zu Hilfe kommen. Wie ein Schwanzaffe schnellt er herunter, steht dann keuchend neben mir, zieht auf meinen Ruf mein Jagdmesser aus der Scheide, ich entreiße es ihm und stoße es der Sau bis zum Heft in die Herzgegend. Das wäre wohl kaum gelungen, wenn die Hunde nicht so gut decken würden. Dann schnelle ich mich auf die rechte Seite, und unter mir taumelt die Sau die Schluchtschanze hinunter. Aus dem Gleichgewicht gerissen, falle ich in den Schnee. Die Sau kommt aber nur einige Schritte weit, der Schweiß strömt aus ihrem Körper. Die Hunde zwingen die Ermattende zu Boden, und kurz darauf ist sie verendet. Wir haben einen Überläufer vor uns von etwa 80 kg. Ich lasse die Hunde nicht lange an ihm zerren, denn ich will sie bei Kräften halten, bis wir an eines der hauenden Schweine gelangen.

Auch diese Sau war bald aufgebrochen, und wir mühten uns dann ab, aus der Schlucht zu gelangen. Dabei schaute ich nach meinem Drilling aus, der mir ja beim Absturz entfallen war. Nach mühevollem Klettern und Hinaufziehen an den herabhängenden Brombeersträuchern und Stauden bekomme ich schließlich mein Gewehr und erreiche die Höhe.

Nach einer Pause geht es wieder hinunter in die Lehne, wo wir die Rotte vermuten. Die starken Keiler haben es uns angetan, einen wollen wir unbedingt erbeuten. Dudasch und Max suchen im Dickicht. Wir pürschen geräuschlos weiter.

Da: „Hau-hau-hau!“ Grob und gereizt klingt der Standlaut von Dudasch, dann schlägt auch Max bei, und wir hören ein Rauschen im Gestrüpp, als würde eine Walze durchbrechen.

Hermann und ich versuchen, von neuem hinaufzugelangen, doch als wir oben ankommen, hören wir den Jagdlaut der Meute weit weg sich im Hochwald entfernen. Enttäuscht stehen wir da und überlegen. Eine Folge kommt nicht in Frage, denn aus der Fährte läßt sich ersehen, daß wir es hier mit einem ganz groben Bassen zu tun haben. Er würde sich nicht wieder so schnell stellen, daß wir ihn einholen könnten. Also rufen wir den Polizeichef von seinem Stand herunter. Als er hört, was wir alles schon mitgemacht haben, staunt er; und natürlich beglückwünscht er uns mit einem seiner herzlichen Kraftausdrücke. Dann erzählt er, daß er plötzlich einen Spaniel vor sich gesehen habe, und kurz darauf sei im Hochwald unser Jagdfreund Norbert auf ihn zugekommen, habe es aber vorgezogen, mit seinen beiden Spaniels heimwärts zu ziehen.

Enache hilft uns, den Überläufer aus der Schlucht zu bergen und bis zum anfangs erlegten Keiler zu ziehen. Schnell wird ein Feuer angezündet, etwas gegessen und die Feldflasche mit Wein erwärmt. Dann wollen wir die Sauen bis zur Straße ziehen, und Hermann und Enache sollen ins Dorf, einen Wagen oder Schlitten holen.

Wir sind mit den Sauen bis an den Dickichtrand gelangt, als uns der Wind den Jagdlaut der Meute zuweht. Weit, weit hören wir die Hunde jagen, und immer mehr nähert sich die Hatz. Die Hunde haben die Sau offenbar umgedreht und bringen sie nun zurück. Wir lassen alles liegen, und jeder versucht so schnell wie möglich, weiter oberhalb einen günstigen Stand zu finden. Als ich oben bin, höre ich die Hunde unter mir im Hochwald heiser und müde lautgeben.

Da zerreißt ein Schuß den Hundelaut, er verstummt. Ich werfe meinen Drilling über und warte. Dann setzt von neuem giftiger Keif der Hunde ein. Der Standlaut kommt schließlich schrittweise den Wald herauf auf mich zu. Schon sehe ich den Keiler mit offenem Gebrech schnaubend heraufziehen, umtanzt von den Hunden. Hier und da wagt sich der erfahrene Rüde Max zu der Keule vor, faßt wohl ins Kurzwildpret, denn jedesmal wirft sich der Keiler blitzschnell herum und schlägt ihn ab. Nun muß er über den Kammweg. Ich stehe im Anschlag, kann aber nicht abdrücken, wie die Hunde an der Sau hängen. Sie schiebt sich näher, eräugt mich aber nicht, und als ich den Schuß anbringe, steilt der Keiler auf den Hinterläufen hoch wie ein Reitpferd, überschlägt sich und will doch noch den Weg überfallen. Aber das zweite Flintenlaufgeschoß reißt ihn sechs, sieben Schritt vor mir zusammen. Die Hunde verbeißen sich in seiner Schwarte und kühlen ihr Mütchen.

Doch wo sind die Freunde? Ich gehe rufend den Kammweg weiter, und da kommen sie, Hermann und Enache.

„Liegt er?" fragt Hermann.

„Ja, aber was war denn bloß unten los?"

„Ich konnte wegen der Hunde nicht gut abkommen, muß vorbeigeschossen haben." Hermann fehlte selten, und diesmal bestimmt nur, um nicht einen unserer Hunde zu gefährden.

Schnell das Kurzwildpret heraus, sonst haben wir die Bescherung. Dann brechen wir den Keiler auf, und wieder erhalten die Hunde ihren Anteil. Auch diese Sau wird zu den anderen gebracht. Ich soll zurückbleiben und auf den Wagen warten, den Hermann schicken will. So trage ich Reisig zusammen, stecke ein Feuer an, trinke noch den Rest des mitgebrachten Branntweines und warte.

Als eine Stunde vorüber ist, höre ich in der hereingebrochenen Dunkelheit das Glockengeläut herannahender Pferde. Sie ziehen einen Schlitten mit einem großen leeren Weinfaß. Die Leute hatten Wein zum Kopischer Bahnhof transportiert und kommen mir wie gerufen. Als ich erfahre, daß sie in dasselbe Dorf fahren, wohin Her-

Naher Anlauf. (Zeichnung von C. Oehme)

mann gegangen ist, bitte ich sie, mich mit den drei Sauen mitzunehmen. So gelange ich rechtzeitig zu meinen Waidgenosen. Der Jagdtag wird dann bei saftigem Holzfleisch und einem guten Kockeltaler abgeschlossen.

Am nächsten Tag wieder zu Hause, zeigt es sich beim Abschwarten der Sauen, daß der starke Keiler 14 Schmisse hat, darunter einige, die den Panzer durchschlagen hatten und tief ins Wildpret eingedrungen waren. Daher also der viele Schweiß, den wir beim Angehen gefunden hatten. Unsere Vermutung war richtig gewesen, die Keiler hatten, wie öfter zur Rauschzeit, einen heftigen Kampf ausgefochten.

Später erscheint auch der Spanielbesitzer Norbert und erzählt uns, daß wir den Keiler, der übrigens aufgebrochen 240 kg wog, eigentlich ihm verdanken könnten. Er habe auf dem Heimweg, nachdem er sich von Enache verabschiedet hatte, plötzlich unsere Meute gehört, und seine beiden Cockerspaniel seien unseren Hunden entgegengeeilt, wären mit Jagdlaut dem Keiler begegnet und hätten diesen dadurch gewendet.

WILD UND HUND Nr. 22/1971

Bechstein

Von Friedrich Schmidtmann

Ein auf dem Weltmeer treibender Eisberg ragt bekanntlich nur zu einem Siebentel seiner tatsächlichen Größe über den Wasserspiegel hervor. So gewaltig ein solcher Gigant dem Auge auch erscheinen mag, so bleibt er ihm doch in Wirklichkeit fast ganz verborgen. Ähnlich ist es um eine Trophäe bestellt, zu deren Betrachtung man aufgefordert wird. Was sie sagt, ist wenig, auch wenn es der Nadlerschen oder Internationalen Punkte noch so viele sind. Ob kapital, mittelmäßig oder gering, eine Trophäe ist und bleibt eine Sphinx: was sie verschweigt, ist das, was Rätsel, Sinn und Wert des Jagens ausmacht. So kann es sein, daß ein an der Grenze des zweiten Punktehunderts stehendes Geweih zwar an der Wand eine repräsentative Stelle hat, im Herzen seines Erbeuters aber namenlos bleibt, während daneben ein Gehörn, obgleich in einem langen, todumwitterten Bockleben verbogen und senil entperlt, im Herzen seines Jägers einen hohen Rang einnimmt und nicht selten in seinem grünen Dasein einen Abschnitt bezeichnet.

Wenn einmal ein Bruder in Huberto das Schweigen über seine Trophäen bricht, stellt sich manchmal heraus, daß jenes gejagte Wild im Leben außer der Trophäe, die ihm die Natur gab, auch einen Namen trug, der ihm von einem Taufpaten zugekommen war. Oft ist eine solche Namensgebung ein Akt regelrechter Patenschaft, indem ein Stück Wild zu Ehren dessen benannt wird, der es zuerst in Anblick bekam oder bestätigte. Ich erinnere mich an einen Hirsch, der auf diese Weise „Ernst" genannt worden war. Sein Geweih wies eine ungewöhnlich eindrucksvolle Kronenbildung auf. Er kam, wenn ich nicht irre, 1927 als Achtzehnender in der Schorfheide durch den damaligen Reichspräsidenten von Hindenburg zur Strecke. Einen anderen kannte ich, der „Andreas“ hieß, auch er ein Achtzehnender. Sein Ende war unrühmlich und kam eher einer Liquidierung gleich, denn er wurde, zwar auch von prominenter, leider aber unwürdiger Hand, als halbzahmer Gatterhirsch an der Fütterung (!), Verzeihung, umgelegt. Als beim traurigen „Strekkelegen“ der zornschäumende, aber ohnmächtige Hegemeister (und Taufpate) den Namen des Hirsches daraufhin auf „Andreas Hofer“ erweiterte, hätte es ihn um Schnitthaaresbreite die Stelle gekostet.

Aber das echtere Attribut einer, darf man sagen „Wildpersönlichkeit“? – ich glaube, man darf es – ist ein Name, der ihr nicht nach jemand, sondern von jemand gegeben wird, unabsichtlich und wie von ungefähr. Oft wird der Namensgeber der sein, der um einer solchen Wildpersönlichkeit willen wochen- monate-, ja jahrelang Ansitz an Ansitz und Pürsch an Pürsch reiht. Oft aber auch jemand, der, von Pan und Artemis unverwirrt, irgendwann das Wort spricht, das fortan dem begehrten Wild als Name anhangt. So ging es „Moloch“. Der starke Bock erhielt seinen Namen von einer Jägerin, die als mein Gast vom Hochsitz aus mit hingerissenem Entsetzen zusah, wie er auf einer Schlenke eine führende Ricke trieb, das verängstigte Kitz, das ihm im Wege war, zweimal blitzschnell forkelte, beiseite schleuderte und sich dann die Ricke kaum weniger brutal zu Willen trieb. Obgleich die anmutige Namensgeberin späterhin ihre ganze, nicht unbeträchtliche Jagdkunst auf „Moloch“ verwandte, bekam sie ihn nicht. Erst viel später, als er längst von jüngeren Rivalen abgeschlagen war und die alte Weisheit von den sauren Trauben vertrat, konnte ich ihn als rapunzliges, verdrießliches Altväterchen von hohen Alters Mühen erlösen.

Verdächtiger WInd. (Zeichnung von B. Scholz)

Dieselbe Jägerin aber wurde nochmals Taufpatin in meinem Revier. Das war, als sie „Bechstein“ zu seinem Namen verhalf. Schwerlich hätte er seinen klingenden Namen von anderswo erhalten können als von dieser Jägerin, denn sie ist nicht nur eine ausgelernte, vollwertige Waidgenossin, sondern auch eine vorzügliche Pianistin.

Mit der Feststellung, daß Bechstein ein Keiler war, ist in seiner Lebensgeschichte weit vorgegriffen, denn als ich ihn kennenlernte, war er noch namenlos und auch weit entfernt, ein Keiler zu sein. Meine erste Bekanntschaft mit ihm war nur flüchtig, oder genauer gesagt hochflüchtig, und vollzog sich an einem Januarnachmittag.

Es war einer von den Wintertagen ohne Gesicht, die sich gleichsam am Rande der Zeit in die Vergangenheit zu schleichen scheinen. Unter dem eintönig grauen Himmel wurde es kaum richtig hell, und in der unbewegten, matt diesigen Luft erstarb jeder Laut. Die Temperatur verharrte apathisch knapp über dem Nullpunkt, und der bisher einzige Schnee, vor über zwei Wochen gefallen, bildete nur in geschlossenen Beständen eine mürbe, unfrische Decke, in der Baum und Strauch wie gesträubte Haare standen.

Nach einem verschlafenen Morgen ging ich in der Hütte meinem kleinen Jägerhaushalt nach und machte etwas benommen Pläne für den Nachmittag, als der Revierjäger Duschek meines Nachbarn Spohr bei mir einsprach. Sein Jagdherr ließ mich bitten, ihn am Nachmittag bei einem Drücken auf Sauen zu vertreten, zu dem er einen Geschäftsfreund der Industrie zu Gast hatte. Er selber habe Fieber und fühle sich so elend, daß er es für ratsam hielt, von seiner eigenen Mitwirkung abzusehen und mir diese Notlösung vorzuschlagen, um den Gast nicht zu enttäuschen. Der Jäger Duschek war ebenfalls verhindert, da er als Zeuge eines Verkehrsunfalls zum Gericht in die Stadt mußte. Ich sagte nicht ohne Betroffenheit zu, denn um diesen Ausweg zu beschreiten, mußte der zähe Waidmann und peinlich korrekte Gastgeber Spohr sich ernstlich krank fühlen.

Am Mittag bei Tisch fand ich ihn, mit dem mich nicht geradezu Freundschaft, aber herzliche Nachbarschaft verband, in der Tat mit allen Anzeichen hohen Fiebers vor, wie er mit Anstrengung seiner nötigsten Pflicht als Gastgeber Genüge tat. Man sah ihm an, daß er nach aufgehobener Tafel dem Drängen seiner beunruhigten Frau, sich zu legen, ohne Widerstand nachgeben würde. Der Gast namens Stockhausen war ein Herr mit liebenswürdigen Umgangsformen. Allenfalls sprach er, zwei Stunden vor dem Waidwerken, für meinen Geschmack etwas zu viel von Geschäften. In der Kleiderablage hatte er einen kostbaren Repetierer hängen.

Während ich die Treibjagd als kollektive Maßnahme für mich persönlich weniger schätze, habe ich für ihre stillere Schwester, die Drückjagd, eine große Neigung. Wenn unter den Formen des Jagens die Treibjagd eher dem personenreichen Volksstück entspricht, so ist die Drückjagd das Kammerspiel, aus dessen konzentriertem Ablauf alles entfernt ist, was nicht unmittelbar zur Verdichtung der Handlung beiträgt. In der Drückjagd spielt sie sich eigentlich nur zwischen zwei Gegenspielern ab, nämlich dem Wild (ohne Ansehen seiner möglichen Anzahl) und dem, der seine Einstände durchgeht. Der Schütze spielt in der Handlung selbst nicht mit, sondern tritt erst in der letzten Szene auf, um das entscheidende Wort zu sprechen, oft nur ein einziges. Von der Fähigkeit des Drückenden, dem Wild als etwas zu erscheinen, was er keinesweg ist, hängt es ab, wie es dem Schützen kommen wird; ob wie zufällig angerührt, gemächlich trollend und unentschlossen ziehend, oder aber flüchtig, weil es in einem kunstlosen Gegenspieler mühelos den Todfeind erkannte.

So viel Erfahrung auch dazu gehört, als Schütze das kommende Wild anzusprechen und innerhalb einer Schneisenbreite auf das erkorene Stück fertigzuwerden, so habe ich doch oft und gern der Aufgabe des Drükkens als der unabhängigeren und gestalterischeren den Vorzug gegeben. Wenn ich dann unverhohlenen Schritts jenseits eines bestätigten Wildes das Gestell oder den Holzabfuhrweg entlangging und gelegentlich ein paar halblaute Worte vor mich hin sprach (nicht ohne mich jedesmal zu fragen, ob das Wild mich nicht für etwas „sonderbar“ hielte), hatte ich nicht immer das Gefühl, eine Kreatur in den Tod zu treiben; denn nicht immer stand auf der anderen Seite ein Meister der kommenden Situation. Aber als ich an jenem Januarnachmittag mit dem fremden Waidgenossen zu dem für das

Drücken vorgesehenen Revierteil unterwegs war, merkte ich bald, daß der wirtschaftsgewandte Mann auch ein erfahrener Jäger war, der ein gutes Maß grüner Jahre erlebt hatte und von der Laborierung seiner Patrone bis zu der vermutlichen Wirkung ihres Geschosses zu berichten wußte, wie nur einer, der seines Abkommens nicht allzu ungewiß zu sein braucht.

Unser Ziel war ein Waldkomplex, der sich von einer Bodenwelle einseitig bis in die Talmulde zog. Auf der anderen Seite der Erhebung ging der Wald allmählich in lückigen Bestand über und gab am Fuß den Blick auf weites Wirtschaftsland frei, zwischen dessen Äckern und Feldern hier und da eine Buschinsel ausgespart war. Der dunkle Waldsaum in der Ferne jenseits gehörte schon zu meinem eigenen Revier.

In den drei Jagen auf der Bodenwelle waren an Winternachmittagen immer Sauen, die dort unstet umherzogen und den Einbruch der frühen Dämmerung abwarteten, um dann auf der Feldseite ins Gebräch zu wechseln. Um zu verhüten, daß sie dabei auf dem Bauernland in einem Maß zu Schaden gingen, das ihnen selber verhäng-nisvoll werden mußte, hatte Spohr in dem lückigen Bestand vor den Feldgrenzen eine Reihe von Wildäckern anlegen lassen. Natürlich verhinderten sie Wildschäden nicht ganz, verhinderten sie aber so beträchtlich, daß ihre Regelung sich in sehr erträglichen Grenzen hielt.

Unterhalb des Waldhügels gabelt sich der Weg. Links wird er zum holprigen Karrenweg und wenig später zum stillen Waldpfad. Rechts führt er in weiten Windungen durch die Felder ins nächste Dorf. Bevor wir uns trennten, beschrieb ich dem Gast nochmals seinen Stand auf einer Schneise, die wir ihm nach Tisch schon auf der Revierkarte bezeichnet hatten. Ich würde auf dem Gemeindeweg weitergehen, nach etwa einem Kilometer hangauf abbiegen und oberhalb der Wildäcker in den geschlossenen Bestand dringen. Die auf der Seite des Feldlands selten und durch Treibjagden überhaupt nicht behelligten Sauen würden jetzt, am vorgeschrittenen Winternachmittag, nur zögernd zurückwechseln, um nach dem Verschwinden des lästigen Wanderers alsbald wieder die Nähe des Gebrächs zu suchen.

So bereitwillig ich den freundnachbarlichen Dienst übernommen hatte, so leistete ich ihn eigentlich ohne viel innere Beteiligung und blickte nicht ohne Bedauern zu dem fernen Waldsaum. Dort, im eigenen Revier, hätte ich es gewiß stiller gehabt, denn es war ein Tag, der keines Schusses bedurfte, um als Jagdtag volles Gewicht zu erhalten. So ging ich denn zunächst mehr gewissenhaft als gespannt dem Walde zu. Aber im hohen Holz wurde es dann doch anders, als ich aus den Augenwinkeln wahrnahm, daß 50 Schritt links von mir zwischen zwei Stämmen, wo es eben noch weiß gewesen war, mit einem Male eine schwarze Form war, die sich lautlos spitz von mir weg bewegte. Es war die erste der angerührten Sauen. Sie blieb nicht allein, denn obwohl ich nichts weiter sah, war tiefer und voraus im Bestand Bewegung, mehr fühlbar als hörbar. Kaum ein Knistern, kaum das dürre Flüstern eines gestreiften Hainbuchenblatts, vielleicht nur das gehauchte Abrieseln von Schnee. Dann nichts mehr als das wispernde Ticken einer Meise und lautlose winterliche Stille.

Nach einer ganzen Weile fiel dann aus der Richtung des Schützen ein Schuß, und mir schien es, als wenn sich in seinen peitschenden Nachhall ein Aufklagen mischte. Doch konnte ich mich aus der beträchtlichen Entfernung auch geirrt haben. Ich wartete noch, ob ein weiterer Schuß fiele, aber es blieb still, und ich machte mich auf den Weg, um zu dem Jagdgast zu stoßen, als ein hastendes Brechen in der Dickung voraus mich innehalten ließ. Da kam auch schon hochflüchtig ein Stück Schwarzwild gerade auf mich zu. Einen Augenblick später konnte ich es als Überläufer ansprechen. Er hielt immer noch unverwandt auf mich zu, obwohl der Abstand kaum noch 30 Schritt betragen mochte, und ich sah, daß bei jeder Flucht Schweiß in den Schnee spritzte. 15 Schritt, ein Annehmen kam nicht in Frage, unter diesen rein zufälligen Umständen sicher nicht. Es war klar, der Überläufer nahm mich nicht wahr, und als ich einen Schritt beiseite tat, geschah es halb, um mich ihm kenntlich zu machen, halb war es eine instinktive Regung, ihm die Richtung freizugeben. Das half. Fünf Schritt vor mir fuhr der Überläufer mit einem erschrokkenen Blasen beiseite, floh aber in voller Fahrt einen Baum an, daß der ganze Stamm erzitterte und er selber vom Anprall auf die Seite geschleudert wurde. Einige Sekunden lag er hilflos schlegelnd am Boden. Sie genügten, um mich erkennen zu lassen, daß dem Überläufer der rechte Teller von der Wurzel an zerschossen war und heftig schweißte. Es dauerte nur Sekunden, dann fand der Überläufer wieder Boden unter den Schalen und war nach abermals wenigen Sekunden in der Dikkung jenseits des Holzabfuhrweges verschwunden. Das Rätschen eines Hähers, ein fern ersterbendes Brechen – dann war nur noch Wälderstille und alles so, als wenn es nur Spuk gewesen wäre.

Aber da lag der reichliche Schweiß in roten, heftigen Spritzern und zeugte für die Wirklichkeit. Es war typischer, tiefroter Wildpretschweiß. Kein noch so winziges Bläschen und keinerlei Trübung deuteten auf eine Verletzung innerer Organe hin. Ich ließ zunächst alles auf sich beruhen. Vorerst galt es, mir von dem Jagdgast berichten zu lassen.

Ich fand ihn auf seiner Schneise bei einem gestreckten Überläufer stehend, einen Fichtenbruch schon am Hut. Auch der Überläufer war hochblatt mit einem Bruch geschmückt. So mußte ich mich darauf beschränken, dem etwas zu eigenwilligen Mann Waidmannsheil zu bieten und anzuhören, wie hier alles vor sich gegangen war.

Die Rotte war ihm, Bache voraus, teils ziehend, teils in vertrautem Schwarzwildtroll gekommen. Er hatte die Bache geschont (wofür ich ihm innerlich salutierte) und auf einen offenbar geringeren Überläufer gefeuert. Im Augenblick des Abdrückens aber hatte ein anderer Überläufer, von einem Rottengenossen hinterrücks launig angepufft, eine Flucht nach vorn gemacht, war im Schnee etwa genau hinter dem Beschossenen gewesen und hatte sich mit Hochblattschuß überrollt. Der ursprünglich gemeinte Überläufer hatte gellend aufgeklagt, sich merkwürdigerweise herumgeworfen und hochflüchtig die eben verlassene Dickung in meiner Richtung wieder angenommen.

Ich ergänzte den Bericht des Gastes durch den von meiner Begegnung mit dem angeschweißten Überläufer. Dessen vorsorgliche Nachsuche konnte erst am nächsten Morgen vorgenommen werden, da es mittlerweile dämmrig wurde. Im Westen zeigte eine mattgrünliche Helle, daß auch an diesem gesicht- und wetterlosen Tag die Sonne ihre Bahn gegangen war und sie eben vollendete. Ich brach den Überläufer auf, dann traten wir den Weg zum Jagdhaus an.

Dort herrschte eine bedrückte Atmosphäre. Nachmittags war der Arzt dagewesen und hatte Spohrs Überführung ins Krankenhaus angeordnet. Eine Stunde später war er schon abgeholt worden. Der Gast Stockhausen brach seinen Besuch ab und fuhr nach Hause.

Das Anerbieten der Dame des Hauses, wegen der Nachsuche zu übernachten, mußte ich ausschlagen, weil ich in der Hütte meinen Hund „Asu" zu versorgen hatte. Mit dem zurückgekehrten Revierjäger Duschek verabredete ich für den nächsten Morgen die Nachsuche und ließ mich von ihm zur Hütte zurückfahren.

Am späten Abend setzte Regen ein, der bis in die Morgenstunden anhielt. Da es eine schwierige Nachsuche geben würde, nahm ich, als Duschek mich mit dem Motorrad abholte, „Asu" mit, indem ich ihn zwischen des Fahrers Rücken und mich einklemmte und mit einem Arm festhielt. Spohrs „Flora" war nicht unbegabt, aber unerfahren und für schwierigere Aufgaben nicht konzentriert genug. „Asu" war ein Bastard aus Deutsch-Drahthaar und Schäferhund. Seinen Namen hatte er von einem malaiischen Freund, in dessen Muttersprache das Wort „Asu" Hund bedeutet.

Vom Anschuß suchte „Asu" stetig bis zu meinem Standpunkt, wo ich die Begegnung mit dem Überläufer hatte, verwies dessen Anprall und Sturz (und zu meinem innigen Vergnügen auch meinen Standort), querte den Holzabfuhrweg und hing durchs dichte Gehölz einer Schweißfährte nach, die kaum mehr in Andeutungen vorhanden sein konnte. Vor dem offenen Feldland gab es eine Unterbrechung, in der „Asu" seine Zuflucht zu einer Quersuche nehmen mußte. Aber bald schon zog er fast parallel zum Bestandesrand weiter. Wieder eine Quersuche, diesmal etwas länger, dann wußte „Asu" weiter. Aber eine dritte Quersuche wurde nötig, und als „Asu" danach weiter voraussuchte, geschah es nur noch tastend, fragend gewissermaßen, und verlor sich bald schon in ganzer Ungewißheit. Ich trug ihn ab und setzte ihn nach einer Pause wieder an, aber ohne Erfolg. „Asu" meldete durch hechelndes Platzmachen das En-

Flüchtig aus dem Treiben.
(Nach einem Ölgemälde von Fritz Laube)

de der Nachsuche an, und ich wußte, daß der passionierte, hochbegabte Gefährte damit auch das Ende einer Schweißfährte gefunden hatte. Der Überläufer hatte eben nur den Schuß durch den Teller gehabt, würde sich ausheilen und künftig eine Wildmarke tragen, die er nicht verlieren konnte und ihn selbst, auch wenn er auswechseln würde, den Jägeraugen ringsum unverlierbar machte.

Aber das Unerwartete geschah: In der Folgezeit wurde weder in Spohrs Revier noch im angrenzenden Staatlichen ein Überläufer mit beschädigtem Teller gesehen. Verschollen.

Spohr stand von seinem Krankenlager nicht mehr auf. Er starb als eins der ersten Opfer jener unbekannten Seuche, die damals als Asiatische Grippe auftauchte. In die noch zweieinhalb Jahre laufende Pacht seines Reviers trat sein Geschäftskollege Stockhausen, dem ich im Januar den Waldhügel auf Sauen gedrückt hatte.

Mit dem neuen Jagdherrn kam auch ein anderer Geist in die Revierhaltung. Wenn der Jäger Duschek auch genug dienstliche Loyalität hatte, um nichts bewußt Nachteiliges über seinen Herrn zu äußern, so genügten seine bloßen sachlichen Mitteilungen, um erkennen zu las-sen, daß Stockhausen in der Übernahme der Restpacht kaum mehr als eine Gelegenheit sah, das schöne Revier für seine gesellschaftlichen und geschäftlichen Jagdverpflichtungen auszunutzen. Er ließ sich das Jagen etwas kosten und sparte es dem Wild vom Äser und Gebrech ab, indem er sich auch das Allernötigste für die Hege nur mühsam vom Revierjäger abringen ließ. Die Wildäcker am Fuß des Waldhügels waren nicht mehr bestellt worden. Das Schwarzwild, gewöhnt, seinen Tisch dort gedeckt zu finden, suchte ihn auch weiterhin dort und brach in aller Unschuld, aber nach Herzenslust im Bauernland. Die Folgen waren unausbleiblich: die Schwarzwildschäden waren furchtbar. Die Bauern tobten. Der neue Jagdherr wütete auch und tat zum Abstellen der Schäden das Seine in der Weise, daß er die Sauen in der rigorosesten Weise bejagte und in wahren Schwarzwild-Pogromen den einst vorbildlichen Bestand ernstlich gefährdete.

Das gute jagdnachbarliche Verhältnis über die gemeinsamen Grenzen war seit Stockhausens Nachfolge stark abgekühlt und beschränkte sich auf die förmlichsten Notwendigkeiten. Hierzu rechnete Stockhausen großzügigerweise auch eine Einladung zur Waldtreibjagd, um sich für meine damalige Drückjagd-Gefälligkeit erkenntlich zu zeigen, was er übrigens unnötig betonte. Ich nahm sie an, aber das eher sportliche Klima dort mißfiel mir so, daß ich eine spätere Einladung mit der Begründung ablehnte, ich näme stets gern eine Einladung zur Jagd an, nicht aber zu einer Razzia. Damit war das nachbarliche Verhältnis beendet.

Im November des folgenden Jahres traf ich im Jagdgeschäft in der Stadt den Revierjäger Duschek, wie er nach getanem Einkauf eben gehen wollte. Meine Frage nach dem Ergehen beantwortete er mit einer wegwerfenden Handbewegung, ließ aber plötzlich die schon geöffnete Tür los, kam zurück und erzählte mir, er hätte etwa zwei Wochen zuvor am hellen Vormittag ein Stück Schwarzwild gsehen, das nur einen Teller hatte. Es sei ein Keiler, etwa vierjährig. Er wäre zwar außer Schußweite, jedoch so vertraut in eine der Feldböschungen eingewechselt, daß ein Irrtum ausgeschlossen sei. Im Glase habe er, Duschek, deutlich gesehen, daß der linke Teller normal sei; der rechte, soweit überhaupt vorhanden, sei es nicht.

Wir sahen uns nachdenklich an. Es konnte stimmen: der rechte Teller, das Alter. Aber nach fast zwei Jahren – wo sollte er denn in der langen Zeit des Verschollenseins gewesen sein?

Duschek war schon eine gute Weile fort, aber ich stand immer noch am Ladentisch und ertappte mich, wie ich blicklos in einem völlig leeren Schußbuch der Auslage blätterte, während ich auf seinen weißen Seiten jenen trostlosen, diesigen Januarnachmittag vorüberziehen sah und die sonderbare nahe Begegnung mit einem Überläufer, der mir jetzt wie ein altvertrautes Gesicht in der Fremde erschien.

Als ich das Schußbuch erstand, geschah es nicht, weil der Verkäufer mich fragend ansah, sondern in dem Gefühl, mir in glücklicher Stunde etwas Schönes zu gönnen.

In der folgenden Woche hielt ich mich im Revier mehr als gewöhnlich und, wie ich insgeheim selber fand, auch etwas über das Maß jagdlichen Taktes, in der Nähe der Grenze auf, die an Stockhausens Revier stößt, in der Hoffnung, den spät heimgekehrten Keiler einmal in Anblick zu bekommen. Aber es gelang mir nicht, obwohl ich die ganze Weihnachtswoche über im Revier war und „drüben" feiertägliche Ruhe herrschte.

Der Winter war diesmal streng und schneereich. Ich behielt die ganze Woche die Läufe blank, und während ich den stilleren Aufgaben winterlichen Hegewerks nachging und in weißen Tagen und schwarzen Nächten mancherlei Gedanken nachhing, begann ich zu merken, daß der unbekannte alte Bekannte von drüben darin eine große Rolle spielte und nicht nur eine große, sondern auch eine eigenartige, zwiegesichtige. Denn als Nachbars Wild war er für mich tabu und hatte mich über das Maß oberflächigen Interesses nicht zu beschäftigen. Aber das tat er dennoch und nachhaltig. Er verleitete mich dazu, an der Grenze mit dem Jagdglas Nachbars Feldrevier abzusuchen, also zu etwas, was schon der elementarste waidmännische Takt verbietet; und ich dachte mit Unbehagen an den Augenblick, wo ich erfahren mußte, daß der Nachbar ihn gestreckt hätte. Ich bin Jäger, bin es ganz und bin wie viele Jäger auch nicht unanfällig für Gedanken, die über nüchterne Wirklichkeit hinausgehen. Und so ertappte ich mich bei dem Gedanken, ob der durch den Schuß damals geflossene Schweiß irgendeine Bindung zwischen Wild und Schützen bedeutete. Wenn der Winterwald tief und still ist und die Nacht lang und dunkel, kommt man auf seltsame Gedanken.

Ende Januar traf ich Duschek wiederum im Jagdgeschäft. Er kam sofort auf den Keiler zu sprechen und meinte, er hätte die lange Zeit seines Verschwundenseins wohl im Zoo verbracht, denn er führe ein ausgesprochenes Tagleben und zeige dabei eine Vertrautheit, die unbegreiflich sei. Eine Woche zuvor habe Stockhausen den Keiler auf knappe 80 Schritt zweimal gefehlt, als er in gelassenem Ziehen aus dem lückigen Bestand kam, wo früher die Wildäcker waren. Im Schuß sei der Keiler erschrocken zusammengefahren, habe zwei, drei Fluchten in Richtung Feld gemacht, sei aber dann in den Bestand zurück und dort sofort in Troll und noch vor Erreichen der Dickung ins Ziehen gefallen, und das, obwohl Stockhausen ein zweites Mal schoß. Der erste Schuß sei ein krasser Fehlschuß gewesen, der zweite habe eine Handbreit über Widerristhöhe in einem Stamm gesessen. In der nächsten Woche sei übrigens Waldtreibjagd, vielleicht käme der „Einteller" dabei zur Strecke. Eigentlich würde das sehr bedauerlich sein, denn er sei jetzt schon „wie ein Klavier" und verspräche, in zwei, drei Jahren der Idealtyp des Hauptschweins zu sein.

In der fraglichen nächsten Woche und auch danach konnte ich nicht im Revier sein, und Duschek sah ich eine ganze Weile nicht. So erfuhr ich auch nicht, ob „das Klavier" die Waldtreibjagd überlebt hatte oder gestreckt worden war.

Der Februar brachte einen zeitigen Vorfrühling. Die Haselkätzchen wehten und schaukelten, Schneeglöckchen und Huflattich standen in ihrer durchbrochenen Erde, und der laue Wind duftete nach einem neuen Jagdjahr. Auf einem meiner sogenannten „Goethe-Reviergänge" („– und nichts zu suchen, das war mein Sinn") mit „Asu" traf ich den Bauern Kuhnert. Hoch von seinem Zweiradkarren herunter sagte er mir schmunzelnd, wir würden nächstens über das Kostgeld seines neuen Kostgängers zu reden haben. Auf meine Frage antwortete er lakonisch: „Dat graute Swien", das seit vierzehn Tagen die Rübenmiete teils leerfresse, teils zertrampele. Ich hatte nie Schwarzwild im Revier, nicht einmal als Wechselwild. Dazu waren die Lebensbedingungen im Stockhausenschen bzw. Spohrschen Revier und den daran anschließenden Staatsforsten zu günstig. Als ich daher in ungläubiger Hoffnung fragte, ob er seiner Sache sicher sei, sagte Kuhnert, erst tags vorher habe er das „graute Swien“ selbst gesehen, und zwar nachmittags um drei. Es habe seine, Kuhnerts, Rüben gefressen und sich erst entfernt, als er mit dem Fuhrwerk bis auf zwei Steinwürfe heran war und mit der Peitsche knallte. Vor der nächsten, der letzten Frage mußte ich erst schlucken: ob er etwas Besonderes an dem „Swien“ bemerkt habe. Kuhnert antwortete ja, es habe nur ein „Ohr“. Dann sagte er „hü“ und rumpelte weiter, drehte sich aber noch einmal zu mir zurück, kniff ein Auge zu und visierte mit seinem Pfeifenrohr auf mich. Ich verstand.

Der Keiler lebte also; und nicht nur das, sondern stand in meinem eigenen Revier er; der meine Gedanken beschäftigt hatte, wie selten zuvor ein Stück Wild, und wie noch nie ein fremdes. Ich konnte ihn nun wiedersehen, d. h. wenn er blieb. Er konnte ebensogut bei mir eine Gastrolle als Wechselwild geben wie drüben ausgewechselt sein. Aber in beiden Fällen würde es viel von mir abhängen, ob er bliebe. Meine Aussichten dafür waren nicht ungünstig: der jagdliche Klimaunterschied zwischen dort und hier mußte den Keiler nicht unbeeindruckt lassen. Er war ein Einzelgänger und würde die größere Ruhe, die er suchte, bei mir finden. Die Rauschzeit, die ihn forttreiben konnte, war noch fern, und ehe sie wiederkehrte, würde er hoffentlich standorttreu genug geworden sein, um hinterher zurückzukehren.

Das Wiedersehen mit dem Keiler wurde mir leichtgemacht. Wenige Tage später ging ich gegen acht Uhr morgens einen der ausgefahrenen bäuerlichen Wege zwischen zwei Waldstücken, als „Asu“ plötzlich mit spielender Nase verhielt. Gleich darauf hörte ich links leises Brechen, und einen Augenblick später wechselte etwa 30 Schritt voraus der Keiler über den Weg und verschwand auf der anderen Seite, ohne auch nur das Haupt zu wenden. An der Stelle des rechten Tellers sah ich ein muschelartiges Gebilde, ähnlich einem Tulpengehörn.

Ich hatte ihn angestarrt und mir sein Bild eingeprägt wie eine Kamera. Ohne vielleicht ungewöhnlich stark zu sein, wirkte er dennoch so, ja kapital durch das massige, vorderlastige Haupt, den hohen, federnstarrenden Widerrist und die zum Pürzel hin steil abfallende Rückenlinie. Seine Gewehre hatten nichts Auffallendes. Das Wuchtigste an dem Keiler war unbedingt die stoische Gelassenheit, die ihn uns keines Blickes würdigen ließ. Duschek hatte recht: noch drei Jahre

In den folgenden Monaten sah ich meinen Keiler noch öfter, aber eigenartigerweise nie, wenn ich es erwartete, sondern immer nur zufällig. Zwar hielt er seine Wechsel, wenn er unterwegs war. Aber wann das war, schien unergründlich. Er kannte offenbar nicht den unverbrüchlichen Turnus der Tageszeiten, wie anderes Wild. Nur in einem Punkt gab es keine Ausnahme: Er führte ein ausschließliches Tagleben. Sah ich, oder besser traf ich ihn einmal morgens, so war es auf dem Wechsel ins Gebräch. War es just Abend, so war er auf dem Rückwechsel.

Im Juni war ich im Bayerischen Wald auf den roten Bock eingeladen. Bei dem gastfreundlichen Jagdherrn war außer mir auch die eingangs erwähnte Jägerin zu Gast, und so hatte ich nach längerer Zeit wieder einmal die

Freude, außer ihren erzklugen Ansichten über die Gehörnformen beim Rehwild auch ihr vortreffliches Klavierspiel zu hören. Leider mußte sie ihren Besuch mit blankem Lauf abbrechen, nahm aber meine Einladung auf einen, wenn auch bescheideneren Ersatzbock bei mir gern an.

Zur Blattzeit kam sie, und am Abend vor dem Waidwerken erzählte ich ihr, unter meinen Gehörnen und meinem einzigen Geweih sitzend, die Geschichte des Keilers, denn sie hat für dergleichen jagdliche Schicksale ein Ohr wie nicht viele. Anderntags streckte sie ihren Bock, und ein glücklicher Zufall fügte es, daß ich ihr am Heimweg den Keiler zeigen konnte, wie er eben von Kuhnerts Land einer dichten Buschinsel im Feld zuzog. Das Glas an den Augen, fragte die Waidgenossin, ob das Duscheks „Klavier" sei. Als ich bejahte, meinte sie, Duschek irre sich. Das sei kein Klavier, sondern ein Bechsteinflügel. Ich mußte verblüfft zugeben, daß der Vergleich stimmte: Das schwarzwuchtige, geschweifte Dreieck des Wildkörpers da draußen erinnerte wirklich deutlich an einen hochkant gestellten Stutzflügel.

„Bechstein" hatte seinen Namen.

Seine Geschichte ist bald zu Ende erzählt. Bechstein wurde immer vertrauter. Er kam und ging, wann er wollte, und auch wie er wollte, manchmal mit unverhohlener, ja dreister Gelassenheit, manchmal wie ein schwarzes Gespenst, aber immer unbeirrt. Ein zur Nachzucht ausgesetzter Karpatenhirsch konnte nicht geschonter leben. Noch zwei, drei Jahre, dachte ich immer. Kuhnert sagte nichts, denn die Schäden des Einzelgängers blieben in mäßigen Grenzen. Mit ihrer Tilgung war ich nicht kleinlich, und dann konnte ich einmal eine für Kuhnert wichtige Angelegenheit zu seinen Gunsten beeinflussen.

Übrigens gestand er mir auch einmal, daß er selber an dem „grauten Swien“ Teilnahme gefaßt habe, seit er es eines Tages im Bestand stehen und wie bei rotem Verkehrslicht warten sah, bis er mit seinem Fuhrwerk vorbei und entfernter war; dann war der Keiler besonnen über den Weg gewechselt.

Als der November kam, war Bechstein fort. Die Rauschzeit stand bevor, und ich hatte damit gerechnet, daß mein schwarzer Einsiedler ihrem Ruf folgen würde, und hoffte nur, daß er zurückkäme. Aber der Dezember neigte sich, ohne daß Bechstein auftauchte. Weihnachten konnte ich dieses Mal nicht wie sonst im Revier verbringen, beschloß aber, mich nach Neujahr dafür zu entschädigen.

Zu Beginn der zweiten Januarwoche fuhr ich für fünf Tage ins Revier. Von Bechstein keine Spur. Kuhnert, den ich fragte, bestätigte, daß er nicht mehr gesehen worden war. Außer längst verwitterten Malstellen, die ich an zwei Bäumen kannte, blieb mir nichts von ihm.

Eine Nacht und einen Vormittag lang war Neuschnee gefallen. Der Mittag hatte blaßkühlen Sonnenschein gebracht und versprach einen Winterwaldabend, der für die Fuchsreize mit Schneehemd und Hasenquäke wie geschaffen schien. Als die Sonne sich rötete und die Schatten lang wurden, setzte ich mich im sogenannten Hohen Busch an, einem Mischwaldkomplex von ursprünglicher Unberührtheit, wohin selten eines Menschen Fuß kam. Ich richtete mich bei einer Waldrebe ein, deren Ranken wie schattengraue Strahnen mein Schneehemd mit der winterlichen Umwelt verfließen lassen mußten. Vom nahen Ackerland strich eisiger Ostwind her und sang zuweilen tief und hohl in den Mündungen meines Drillings. So saß ich lange unbeweglich und wartete den Augenblick ab, da nach dem Verschwinden des letzten Sonnenrands die ersten bläulichen Schatten der nahenden Nacht über den Schnee spielen. Lautlose Stille. Einmal nur fern im Forst das Rätschen eines Hähers, fast wie vom anderen Ende der Welt kommend. Sonst nur tiefes Winterschweigen. Hinter mir ahnte ich die Glut eines rauchigroten Sonnenuntergangs.

Da war plötzlich vor mir im dichten Bestand zwischen zwei Stämmen eine dunkle Verbindung, wo eben noch eine weiße Lücke gewesen war. Nun war wieder die Lükke da, und vor ihr bewegte sich eine dunkle Form, tauchte hinter Stämme, löste sich langsam wieder aus ihnen heraus: Schwarzwild. Meine erste Regung hieß „Bechstein!“ Aber was da auf hohen Läufen heranzog, konnte nicht der massive Athlet Bechstein sein. Das Stück hielt spitz auf mich zu, und in der Silhouette seines Hauptes erkannte ich jedoch gleich darauf schon nur ein einziges Tellerdreieck. Es war Bechstein, ein hochläufiger, abgekommener Bechstein, dessen mächtiges Haupt ihn vorn fast an den Boden zu ziehen schien. Langsam zog er auf mich zu, und unablässig glitt im Ziehen sein Haupt von links nach rechts, von rechts nach links. Eine merkwürdige Bewegung, die mich an etwas erinnerte, und im selben Augenblick wußte ich es auch schon: an die Bewegung eines Eisbären im Käfig. Links, rechts, hin, zurück. Einmal verhoffte Bechstein, aber sein Haupt schwang weiter. Dann zog er wieder, langsam, immer näher und in gerader Linie auf mich zu. „Wie schon einmal“, dachte ich. Nur war er damals in wilden Fluchten auf mich losgestürmt, während das hier ... So geht, wer etwas verloren hat. So geht doch nur ... Da war mir, als striche ein eisiger Finger über mein Herz, denn ich wußte plötzlich, was dieser Keiler verloren hatte: Bechstein war blind ...

In einem einzigen Gedanken begriff ich seine ganze Lebensgeschichte. Ich wartete noch, bis er nahe genug heran war und ich sehen konnte, was ich vermutete: seine Lichter, die nun keine Lichter mehr waren, sondern milchige, eiweißartige Trübe. Bechstein war bis auf fünf Schritt heran. Als ich den Drilling hob, glaubte ich, es sei lautlos geschehen, aber Bechstein mußte wohl einen Hauch vernommen haben, denn er verhoffte jäh. Sein Haupt hörte auf, pendelnd zu suchen, und seine erloschenen Lichter waren auf mich gerichtet. Sein Windfang ging unmerklich windend, und einmal spielte leise sein einziger Teller. Sonst nichts. So blieb es, ich weiß nicht wie lange. Sekunden? Minuten? Es war totenstill zwischen uns ...

Dann peitschte der Schuß, und zwischen die Lichter getroffen sank Bechstein in sich zusammen.

Meiner Pflicht, als Jäger der Wissenschaft zu dienen und das Haupt Bechsteins an das jagdzoologische Institut zu senden, kam ich leider nicht nach, da ich damals nicht die Sachlichkeit aufbrachte, die Tragödie dieses Wildlebens in einem wissenschaftlichen Befund ausklingen zu lassen, mochte er nun auf Netzhautloslösung oder Glaskörpertrübung oder wie auch immer lauten. Ich habe diese Unterlassung später auch nie ganz bereuen können, obwohl ich sie auch nie vergaß. Ich fand übrigens das rechte Licht Bechsteins weniger trübe als das linke. Vermutlich hat er in diesem Licht noch Spuren von Sehvermögen gehabt, mit dem er Hell und Dunkel, schwerlich aber noch Formen unterscheiden konnte. Ich glaube auch, daß er schon damals, als er als Überläuferchen mich erst auf wenige Schritt und dazu in der Bewegung äugte und gleich darauf den Baum anfloh, in der Sehkraft beschränkt war. Wo er in den zwanzig Monaten danach bis zu seiner Wiederkehr gewesen ist, blieb immer ein Rätsel. Was danach geschah, jedoch nicht. Sein Einzelgängertum, seine Tiergartenvertrautheit, sein ausschließliches Tagleben und sein schließliches Verkriechen waren nichts als die zunehmende Bewegungsunfreiheit des Erblindenden und endlich die tastende Hilflosigkeit des Erblindeten.

Ich trug Bechstein ordnungsgemäß in mein Schußbuch ein. Dann aber noch ein zweites Mal: in jenes andere, leere Schußbuch, das ich an einem trüben Novembertag in dem Jagdgeschäft völlig absichtslos und ganz unnötig erstand. Es war noch immer in der Verpackung, wie der Verkäufer es mir damals mitgegeben hatte. Als ich es aus der Umhüllung nahm, sah ich erst, daß auf seinem Deckel der Kopf eines Keilers abgebildet war.

WILD UND HUND Nr. 21/1959

Der Keiler aus dem Königsmoor

Eine ungewöhnliche Nachsuche

Von Seeben Arjes

Es war kurz vor Weihnachten, gegen Mittag eines frostklaren Adventstages. Drei brennende Kerzen auf dem Kranz verbreiteten eine Stimmung behaglicher Sonntagsruhe, die wir gerade bei einem guten Essen gemeinsam genießen wollten. Wenn uns zu solcher Zeit die Telefonglocke den Löffel aus der Hand schlägt, dann ist das entweder Tante Mechthild aus Nervensbüttel oder eine Nachsuche.

Das Schicksal war diesmal gütig. Es war eine männliche Stimme, die ich gut kannte, und ich ahnte gleich, was sie zu bedeuten hatte. Weit nördlich, irgendwo an dem kleinen Flüßchen Luhe, stand mein Freund Peter auf einem Waldweg und rief über Autotelefon an. „Ein Keiler! Freitag beschossen. Er müßte zu bekommen sein. Don hat bisher prima gearbeitet. Aber es ist wie verhext. Einen knappen Kilometer hat er die Fährte sauber gehalten, aber an einer bestimmten Stelle fängt er an zu spinnen. Da will er jedesmal aufs offene Feld hinaus, wo kilometerweit kein Baum oder Strauch steht. Ich habe ihn zweimal abgenommen, jetzt streikt er!“

Meine Frau sagt, der Schweißhund sei ein familienfeindliches Tier. Zumindest an einem solchen Adventssonntag kann man das nicht bestreiten. Aber was soll’s? Unser Pastor meint im Hinblick auf sein Übergewicht und seine „gesunde“ Gesichtsfarbe, in der Summe ihrer Laster seien alle Menschen fast gleich – sicher hat er recht. Ich habe eben meinen Hund, den Schweißriemen und den ramponierten Stutzen.

Der Hund lag unter dem Tisch, die anderen Sachen sowieso schon im Auto, denn wir hatten nicht nur Advent, sondern auch Vollmond. Und da wird das Geschirr eines Schweißhundführers ohnehin kaum trocken. Wenige Minuten später waren „Cilla“ und ich unterwegs. Die Hündin tut das gern, und für mich war es auch eine Selbstverständlichkeit, denn hier war doppelte Hilfe nötig.

Zunächst mußte Peter geholfen werden. Der stand auf der Wundfährte eines Keilers, von dem er meinte, daß er zur Strecke zu bringen sein müsse, und kam nicht weiter, weil diese Aufgabe für seinen erst einjährigen Hund scheinbar noch eine Nummer zu groß war. Da ist es keine Frage, daß aus dem Lager der Nachsuchenführer immer einer einspringt, der gerade über einen älteren, erfahrenen Hund verfügt. Weil unsere Hunde unterschiedlich alt sind, wechselt die Rolle des Helfenden ständig.

Und natürlich war da ein Jäger, der eine mißlungene Sache vertrauensvoll in die Hände der Schweißhundführer gelegt hatte. Auch der durfte nicht enttäuscht werden. Dieser Jäger allerdings entpuppte sich als resolute Dame, die erstmals in ihrem bisherigen Leben mittlerer Dauer ein Wildschwein beschossen hatte und dies nun auch partout haben wollte.

Nach und nach erfuhr ich die abenteuerliche Geschichte der Jagd auf diesen schwarzen Keiler. Fast alle Keiler sind um diese Jahreszeit ziemlich schwarz, ich weiß das, aber diesem geriet eben das zum Nachteil, denn seine Schwartenfarbe wurde ihm zum Verhängnis. Da wohnt nämlich etwas abseits des Dorfes ein Bio-Bauer, der auch auf Gesundheit und Wohlbefinden seiner Hausschweine Wert legt. Deshalb gewährt er seiner ganzen rosafarbenen Borstengesellschaft unter bewußtem Verzicht auf einige Kilo Mastfett das ganze Jahr über freien Auslauf auf der großen Weide hinter dem Haus. Als nun dieser tierfreundliche Naturmensch am Freitag von der Adventsfeier des Posaunenchores heimkam, war es eigentlich schon Samstag, denn die Feier hatte etwas länger gedauert.

Wie jeder Bauer, der mit dem Herzen bei der Sache ist, ging auch dieser trotz vorgerückter Stunde noch einen Kontrollgang durch seine Ställe, wobei er überall zufrieden schlafende Tiere vorfand. Nur auf der Schweineweide bemerkte er eine merkwürdige, für diese Zeit ungewöhnliche Unruhe. Er hörte aufgeregtes Grunzen und gelegentlich helles Quietschen. Besorgt ging der Landwirt über den Hof, und was er dort auf der Schweineweide sah, wollte er zuerst nicht glauben: Im hellen Licht des Vollmondes tanzten seine Sauen scheinbar den Schweine-Sternenreigen, denn sie rannten unablässig hin und her, wufften fröhlich und beschrieben dabei kleine und große Kreise.

Unser Bauer kam ins Grübeln über das Freizeitverhalten artgerecht gehaltener Hausschweine, bis ihm plötzlich auffiel, daß ein Schwein sich deutlich von den anderen unterschied. Es war nicht hell, sondern rabenschwarz. Und dieses Schwarze war es, das die anderen stetig im Kreise trieb. Obwohl der Posaunenbläser die letzten Runden im Wirtshaus ausgelassen hatte, wußte er darauf keinen Reim und weckte vorsichtshalber seine garantiert nüchterne Ehefrau. Die besah sich das Spiel im Mondschein und erkannte den schwarzen Tanzmeister sogleich als Wildschwein. Vermutlich sei es ein Keiler, meinte sie. Hinsichtlich seiner Absichten wolle sie ihm zwar nichts unterstellen, aber in Anbetracht ihrer wohlgenährten weiblichen Jungsäue müsse man da skeptisch und wachsam sein.

Den Hinweis auf den eigenen Hauseber tat die Frau mit einem Blick auf den stattlichen Bauch ihres Ehemannes ab: „Der wiegt inzwischen hundertfünfzig Kilo und schläft meistens."

Die Bäuerin wollte aber in ihrer Schweinezucht künftig weder genetische Vielfalt noch multikulturelle Gesellschaft haben und sann darauf, solches schon im Entstehen zu verhindern. Ihr Mann lehnte ein persönliches Eingreifen ab. Er verwies auf seinen guten Anzug und glaubte auch andere Gründe zu haben. Von wilden Keilern hatte er schon viel gelesen, aber nicht viel Gutes.

Also mußte der Jagdpächter her, und man rief ihn sogleich an. Der konnte seine „Freude" über den nächtlichen Anruf kaum verhehlen, zumal er glaubte, auf den Arm genommen zu werden. Denn solange er die Jagd gepachtet hatte, und das waren immerhin fünf Jahre, war ihm darin kein Wildschwein in Anblick gekommen. Der so gestörte Waidmann lehnte jedes Eingreifen entschieden ab und empfahl dem Bauern, sich richtig auszuschlafen.

Aber auch hier nahm eine Frau erst das Heft und dann das Gewehr in die Hand. Die Gattin des Jagdpächters hatte nämlich in diesem Jahr auch ihren Jagdschein gemacht und im Unterricht gehört, daß Keiler unter dem Druck bestimmter Hormone gelegentlich recht weite Reisen auch in ihnen sonst unbekannte Gegenden unternehmen. Sie warf sich also in derbe Kleidung, schnappte sich eine Büchse aus dem Waffenschrank und fuhr los.

Beim Biobauern hatte sich die Lage nicht verändert. Es war gegen zwei Uhr, als die Jägerin nach langem Warten den Bassen endlich frei hatte und vom Koppelzaun aus fliegen ließ. Nach Knall und Mündungsblitz sahen alle drei die „blonden“ Sauen verblüfft verhoffen, die schwarze aber quer über die große Weide auf den Wald zuflüchten.

Der Bäuerin schien damit der schwarze Freier ausreichend und nachdrücklich gemahnt; der Fall war für sie erledigt. Nicht so für unsere Jägerin. Die stand bei Tagesanbruch wieder in der Schweineweide und hatte ihren immer noch skeptischen Mann und den Dackel „Moritz“ mitgebracht. Unter offensichtlich aufmerksamer Anteilnahme der verbliebenen Hausschweine suchten und fanden sie endlich gemeinsam einen Anschuß, d. h. etwas hellen Schweiß auf gefrorenen Grashalmen.

Das war die Stunde von Moritz. Man setzte ihn beim Schweiß zu Boden und ließ ihn mit allen guten Wünschen frei. Moritz erkannte sofort seine Aufgabe und stürzte sich voll arglosen Mutes mit Fletschen und Kläffen auf die umstehenden Bioschweine. Diese waren zunächst sehr erschrocken und wetzten die Weide auf und ab, bis eins von ihnen augenscheinlich begann, die tatsächlichen Kräfteverhältnisse realistisch zu beurteilen, und schon ging die Hatz andersherum.

Mit knapper Not und Herrchens Hilfe entging Moritz gerade noch so eben einem sicher grausamen Schicksal. Zur Wahrung seines Gesichts knurrte der Rüde von Frauchens Arm herab noch fürchterlich, war aber nicht mehr zu bewegen, die „Nachsuche“ wieder aufzunehmen.

Deshalb holte man aus dem Nachbarort den Bläserobmann des Hegerings. Nicht um die flüchtige Sau im Vorgriff zu verblasen, sondern weil dieser einen Vorstehhund besitzt, der, wie man gehört hatte, „gut auf

Schweiß geht". Der Obmann erschien sogleich und brachte der Seltenheit des Falles wegen nebst seinem Vorstehhund auch zwei neugierige Waidgesellen mit. Fairerweise erzählte man dem neuen „Nachsuchenbeauftragten" von der veränderten Einstellung der weißen Sauen zu Hunden und von Moritz' Erlebnis. So bestand dieser darauf, daß die Schweine erst ins Haus getrieben und eingesperrt würden, bevor sie möglicherweise ihre Haltung zu Menschen auch noch überdenken könnten.

Für den Vollgebrauchshund roch trotzdem noch alles nach Schwein, er legte sich mächtig in die Halsung, galoppierte, von seinem Führer nur mühsam gebremst, die Weide rauf und runter, konnte aber kein Schwein finden, denn die waren ja alle im Stall. Erst als man ihn außerhalb der Schweineweide in der Fluchtrichtung des Keilers erneut ansetzte, hatte er sich beruhigt und zog nun zielstrebig in den Wald hinein auf eine kleine Dickung zu. Kurz davor wurde er ganz heftig, zerrte am Riemen und wollte geschnallt werden.

Der Bläser verstand seinen Hund und ließ ihn frei. Der hatte im Nu gefunden, und laut ging die Hatz durch die Dickung erst auf die gegenüberliegende Seite zu, dann im Bogen wieder zurück. „Die Sau ist noch auf den Läufen", schrie einer, „macht euch fertig!" Da war der Hund auch schon und brachte hochflüchtig die Hausricke des Biobauern mit ihrem Kitz auf Schwung. Er muß sich dabei alle Mühe gegeben haben, denn erst nach fast einer Stunde kehrte er völlig ausgepumpt, aber hochzufrieden zurück.

Damit war der kurze Dezembertag vorbei, aber unsere Jägerin gab sich immer noch nicht zufrieden. Irgendeiner hatte dann die Idee, ob man es nicht einmal mit einem Schweißhund versuchen sollte. Ja, die Dame war

Sie kommen. (Zeichnung von H. Arlart)

hartnäckig in der Sache mit der ersten Sau. Und so stand am nächsten Morgen mein Freund Peter an besagter Weide vor dieser „ganzen Sauerei“.

Freilich mutete er seinem noch sehr jungen „Don“ die Schweineweide nicht zu, sondern umschlug diese. Don zeigte auch den Auswechsel mit Schweiß an und nahm die Wundfährte auf. Es war für beide nicht sehr schwer, die nun über dreißig Stunden alte Fährte zu halten, zumal hin und wieder ein Tropfen Schweiß die Arbeit des Hundes bestätigte.

Durch das Altholz ging es an der kleinen Dickung vorbei über einen vielbefahrenen Weg und durch eine Sandgrube. Don arbeitete sicher und zügig, bis er dann eben nach etwa einem Kilometer an die verflixte Stelle kam, an der er zweimal auf das weite offene Feld hinaus und dann gar nicht mehr wollte. Im Feld stand in der Ferne ein Sprung Rehe, sonst war kilometerweit nichs zu sehen. Keine Sau geht bei hellem Mondlicht weit über offene Felder und Wiesen, eine kranke erst recht nicht. Peter weiß das natürlich und hatte seinen Don beide Male abgenommen. Und nun wollte dieser nicht mehr.

So hatte sie sich also bisher zugetragen, die Nachsuche auf einen Keiler, der in einer Mondnacht das Besondere suchte, aber für sein Anliegen kein Verständnis fand. Inzwischen war es Sonntag nachmittag, und jetzt ruhten alle Blicke und Hoffnungen auf Cilla, denn die Jungjägerin glaubte immer noch, am Koppelzaun gut abgekommen zu sein. Man konnte ihr das ja auch nicht einfach ausreden, schließlich bewies der Schweiß, daß sie getroffen hatte. Wir mußten das schwarze Schwein halt nur noch finden.

So setzte ich Cilla am ersten Schweiß auf die Fährte und arbeitete die Tour noch einmal, die Don und Peter schon vor mir gegangen waren. Haargenau stimmte Dons Arbeit, und bald erreichten wir die Stelle, an der der Rüde zu den Rehen aufs Feld hinaus wollte. Wir staunten nicht schlecht, als Cilla ohne zu zögern ebenfalls an der Pfahlreihe mit dem Stacheldraht entlang über die große Viehweide in die offene Landschaft zog, wo weit und breit außer einer Feldscheune mit ein paar Kiefern drum herum nichts zu sehen war.

Ich ließ die „alte Dame“ gehen, denn in Sachen Nachsuche ist sie besser als ich. Das hat sie mir oft genug bewiesen. Sie hatte auch diesmal recht, denn schon am ersten Koppelzaun, wo das trockene Gras etwas höher stand, zeigte sie etwas abgestreiften Schweiß.

Peter fluchte hinter mir leise, aber deftig. Er hatte die gute Arbeit seines jungen Rüden zu Unrecht unterbrochen. Und das nur, weil er mehr auf seine Erfahrung als auf die Nase des Hundes vertraut hatte. Der Schweißtropfen sah wäßrig-bräunlich aus und deutete auf den schon von Peter vermuteten Waidewundschuß. Natürlich wußte Peter jetzt auch, daß wir diesen Keiler mit hoher Wahrscheinlichkeit finden würden, und schimpfte mit sich selbst: „Ich Hornochse habe durch meine Skepsis Don wohl um ein prägendes Erfolgserlebnis gebracht."

„Das muß nicht sein", sagte ich, „nichts spricht dagegen, daß Don diese Arbeit zu Ende führt. Laß ihn weitermachen. Wir behalten Cilla in der Hinterhand." Damit war Peter einverstanden. Wir brauchten nur die Hunde zu wechseln, denn er führte ja seinen Don ohnehin im Abstand von dreißig Metern hinter mir her.

Wir erklärten unsere Absicht auch der folgenden Korona, die aus sämtlichen bisherigen Akteuren dieses Abenteuers bestand und natürlich angeführt wurde von der hochpassionierten Jägerin, die den Mondscheinschuß abgegeben hatte. Der Schweißtropfen gab ihr wieder Hoffnung, vielleicht doch noch an ihre erste Sau zu kommen. Und als sie erfuhr, daß wir unsere Hunde gemeinsam einsetzen wollten, bot sie als zusätzliche Sicherheit auch noch die Mitarbeit ihres Dackels Moritz an, worauf wir aber, da die Sache im Moment übersichtlich schien, vorerst verzichten konnten.

Don war nicht mehr beleidigt. Sofort fiel er die Fährte an und zog zügig immer an einem Koppelzaun entlang in das offene Feld hinein. Cilla und ich gesellten uns zu den Zuschauern, die vorerst noch aufmerksam folgten.

Immer weiter führte uns Don in die baumlose Ebene, wo ihm Frost und ein zunehmend scharfer, trockener Wind mehr und mehr Schwierigkeiten machten. Immer häufiger mußte er zurückgreifen und kam deshalb nur langsam voran. Peter ließ ihm jetzt alle Freiheit, und das war gut so, denn es war einwandfrei zu erkennen, daß der junge Hund immer wieder zur Fährte fand und sich mühte, sie zu halten. Wohl zwei Kilometer waren wir inzwischen durch die Weiden und Wiesen gezogen. Kein Tropfen Schweiß bestätigte Dons Arbeit, aber Peter hatte diesmal Vertrauen.

Unseren Mitläufern war inzwischen freilich längst die Hoffnung wieder geschwunden. Die Gespräche wurden kürzer, die Gesichter etwas länger, bis plötzlich ein Hase etwas Abwechslung in das Geschehen brachte. Er sauste direkt vor Dons Nase aus der Sasse und wippte bei keinesweg hastiger Flucht provozierend mit seiner weißen Blume. Don erschrak sich ordentlich und setzte automatisch zur Hetze an, wurde aber natürlich durch Peter und den Schweißriemen gehalten. Recht bald sah er auch seinen Irrtum ein und tüftelte weiter an der Keilerfährte.

Nur langsam ging es vorwärts, aber endlich zeigte sich in einer flachen Senke ein dicht mit Weiden bestandenes Feuchtgebiet. Wir hielten direkt darauf zu. Ich war fast sicher, nur dort könne die Sau stecken. Die Spannung wuchs beträchtlich. Aber Don zog uninteressiert daran vorbei, wieder über Weidekoppeln auf eine baumumstandene Feldscheune und ein kleines lichtes Kiefernwäldchen zu. Das schien mir zu licht, als daß eine Sau, die so weit gezogen war, sich darin gesteckt haben könnte. Wie sich zeigte, war sie tatsächlich dort hindurchgezogen. Als Bestätigung verwies Don endlich auf einem querliegenden Stamm abgestreiften Schweiß.

Die Fährte führte durch das Wäldchen hindurch und an der Schmalseite wieder hinaus auf das offene Feld, einem freien, unbestellten Acker. Dort schien das Ende der Nachsuche gekommen. Die Erde lag bloß, war ausgetrocknet und wurde von dem scharfen, inzwischen eisigen Wind wie Wüstensand vor sich her geblasen. Don mühte sich sehr, nahm immer wieder Anlauf im Wald, aber es war ihm nicht möglich, auf dem Acker die Fährte zu halten. Vielleicht war dort auch nichs mehr zu finden. Wahrscheinlich hatte der Wind alle Wittrung mit dem feinen Staub davongetragen.

Wir legten eine Pause ein und berieten, was zu tun sei. Einige Kilometer lagen hinter uns. Der Fährtenverlauf war ungewöhnlich. Die Sau hatte zwei Möglichkeiten, in den Wundkessel zu gehen, nicht genutzt. Vielleicht war sie gar nicht so krank, wie wir anfangs glaubten? Die Korona war inzwischen geschrumpft, und der Rest murmelte auch schon etwas von „Sonntag, Advent, Familie und wohl doch nicht zu kriegen".

Einer gab zu bedenken, wir seien auch längst nicht mehr im ursprünglich begonnenen Revier, sondern bereits im vierten danach. Etwas erschrocken erkundigte Peter sich nach den hier geltenden Wildfolgevereinbarungen. Aber in der Hinsicht gab es keinerlei Probleme. Und so nebenbei erfuhren wir, daß wir schon seit geraumer Zeit am Rande des Königsmoores im Revier eines der berühmtesten und beliebtesten deutschen Sportler suchten, nämlich in dem des ehemaligen Weltmeisters im Schwergewichtsboxen, Max Schmeling. Dieser war zwar inzwischen über Autotelefon informiert und hatte der Nachsuche auch zugestimmt, aber unser Begleiter meinte, man solle vielleicht doch besser davon absehen, noch weitere Revierteile unnötig zu beunruhigen.

Peter und ich aber hatten den braun-wäßrigen Schweißtropfen vor Augen. Aufgeben kam für uns nicht in Frage. Wir wollten weitermachen. Nur an diesem Staubacker

Hochflüchtig über die Schneise. (Nach einem Ölgemälde von Wilhelm Buddenberg)

mußten wir irgendwie vorbeikommen. Er war etwa zweihundert Meter breit. Dahinter kam ein anderer Acker mit Wintergetreide und nach diesem schließlich wieder Wald. Es war anzunehmen, daß der Keiler diesen Wald endlich angenommen hatte. So gingen wir einfach dahin, und Peter ließ Don am Waldrand quer zum vermuteten Fährtenverlauf vorhin suchen.

Das Gelände war etwas wellig. An der tiefsten Stelle der Senke zeigte der Hund plötzlich wieder Interesse und arbeitete zügig in den Wald hinein. Dort gerieten wir an ein kleines Flüßchen, das sich in engen Windungen schnell fließend durch eine Bruchwaldsenke schlängelte. Wieder stockte die Arbeit. Don suchte flußauf, flußab, kreuz und quer und griff immer wieder zurück. Unser bis hierher noch verbliebener einziger Begleiter sprach offen aus, was er meinte: „Ich glaube, jetzt gehen wir nur noch spazieren."

Peter und ich konnten uns aber wohl vorstellen, daß die Sau das Wasser und das steile Ufer zunächst gescheut hatte und lange nach einem geeigneten Ein- und Ausstieg gesucht hatte. Das Hin und Her nahm kein Ende, so daß wir kurzerhand das kleine Flüßchen durchwateten und am anderen Ufer quersuchten. Don hatte die Fährte bald wieder gefunden und zog schnurstracks auf eine wasserüberflutete Senke mit verfilztem Weidengestrüpp zu.

Kurz vor dem Wasser bog er scharf nach rechts ab, kroch unter die überhängenden Äste eines dichten Weidenbusches und kam nicht wieder hervor. Der Grund dafür war leicht zu erraten: Dort lag in einem alten Kessel die längst verendete Sau. Und was für eine! Ein Berg von einem Schwein, ein uriger Base mit blitzendem Gewaff, der Traum eines jeden Schwarzwildjägers.

Unser Begleiter wollte es erst gar nicht glauben, aber dann sauste er los, um die versprengte Korona wieder zusammenzutrommeln. Erstaunlich schnell waren die meisten wieder da, plötzlich wieder hellwach und voller Interesse. Der Erlegerin selbst verschlug der Anblick dieses Keilers zuerst die Sprache, bald aber machte sich allgemeine Freude breit.

Der Basse wurde ans Licht gezogen und von allen Seiten bewundert. Er sah auch prächtig aus in seiner Winterschwarte - nur riechen tat er nicht mehr gut. Und das nicht nur deshalb, weil er rauschig war. Immerhin war er am Freitag beschossen worden und mit diesem tiefen Leberschuß sicher wenige Stunden danach verendet. Jetzt war Sonntag nachmittag. Eine Sau verhitzt schnell.

Aber wenn jemand vor seiner ersten Sau und dann gleich vor dem Keiler seines Lebens steht, sieht oder riecht er (sie) verständlicherweise etwas anders. Wenn sich bei diesem eine leicht süßliche Komponente unter die faszinierende Duftmischung eines rauschigen Keilers mischte, konnte das höchstens einer nüchtern und kritisch prüfenden Nase auffallen, keinesfalls aber Erlegerglück und Jägerfreude trüben. Beim Aufbrechen wollten alle mithelfen, und als einer versehentlich in der Nähe des Pinsels eine Blase gelblich-flüssigen Inhaltes aufschärfte, roch der schwarze Bursche ohnehin nur noch nach Suhle und Rausche.

Wie gesagt, die Freude war groß. Es gab Brüche für Hut und Halsung und plötzlich auch viel zu erzählen. Der ganze Vorgang wurde noch mal aufgerollt: die anstrengende Jagd, der schwierige Schuß, der unerschütterliche Glaube an den Erfolg und natürlich das bißchen Dusel, das jeder braucht, um an ein solches Hauptschwein zu kommen. In meinem Auto, das inzwischen einer nachgezogen hatte, lag meine Kamera. Selbstverständlich machten wir noch ein Foto, auf dem alle drauf waren: die strahlende Jägerin, die Mitläufer, Don und Moritz, ihre Führer und natürlich der Basse.

Zwischen dem Paradies der Bioschweine und diesem Weidenbusch im Sumpf lagen sicher fünf bis sechs Kilometer. Aber das sollte noch nicht die letzte Reise des Keilers gewesen sein. Nach Aufbrechen und Ablichtung auf Film zogen wir ihn aus dem Morast und durch das Flüßchen ins Freie. Dort wurde er mit vereinter Kraft und auf ausdrücklichen Wunsch der Erlegerin in den veloursbezogenen Kofferraum ihres neuen Autos einer schwäbischen Nobelmarke verstaut.

Als sie mit ihrer kostbaren Fracht über den holprigen Feldweg davonfuhr, gab es wohl niemanden, der sich nicht ehrlich mit ihr freute und ihr das seltene Weihnachtsgeschenk nicht von Herzen gönnte. Wie es sich gehört, fuhr sie damit zuerst zum zuständigen Revierpächter, Max Schmeling. Dieser habe sich, so erfuhren wir später, von dem Keiler recht beeindruckt gezeigt, sich auch mit der Jägerin gefreut, aber in seiner feinen Art auf das Wildbret großzügig verzichtet.

Das alte Jahr war schon vorbei, als die immer noch glückliche Diana bei mir anrief und mir stolz alle Daten, Maße und Gewichte ihres Keilers mitteilte. Und sie bat natürlich um einen Abzug des von mir gemachten Fotos. Den sagte ich ihr gern zu, verband damit aber meinerseits eine Bitte: Ich wollte ihr zwei Fotos schicken. Eines sollte sie behalten, das andere wollte ich gern mit einem Autogramm des Boxidols Max Schmeling zurückhaben. Denn dadurch, daß wir den Keiler im Revier dieses berühmten Mannes zur Strecke gebracht hatten, besaß diese Nachsuche auch für mich einen besonderen Erinnerungswert.

Meine Bitte wurde erfüllt. Als kostbares Stück befindet sich heute in meinem Album das Foto des Keilers aus dem Königsmoor, versehen mit „Waidmannsheil" und dem Namenszug Max Sch. Geschrieben von der Hand, die einst den „Braunen Bomber" Joe Luis fällte und eine ganze Nation in Freudentaumel versetzte.

Anläßlich dieses Gespräches erfuhr ich auch die weitere Geschichte des Keilers: Als für dieses Gebiet interessante Rarität wurden seine vielen Kilogramm und die starken Waffen nicht einfach „verwertet", sondern ihrer Bedeutung gemäß als gewachsene Einheit an zahlreichen Stellen vorgezeigt und nach rechter Jägerart gebührend gewürdigt. Jagdvorstand, Verpächter, Nachbarn, nahe und ferne Freunde, alle wollten ihn sehen. Immer wieder wurde er bestaunt, fotografiert, gewogen, vermessen und das Ergebnis gefeiert. Was natürlich seine Zeit dauerte und nicht im Kühlschrank stattfand.

„Konnten Sie denn die Schwarte noch verwerten?“ wollte ich wissen. „Wieso Schwarte?“ fragte die Dame erstaunt. „Na ja, das Wildbret war doch verdorben.“ „Oh nein, das war in Odnung, der Tierarzt hat Proben untersucht.“ „Worauf hat er es untersucht?“ „Na, auf Trichinen. Es war wirklich in Ordnung!“

„Haben Sie davon schon etwas probiert?“ Die Antwort kam klar und ganz sicher aus guter Absicht: „Nein, wir haben alles an die Bauern verschenkt, man muß ja auch an die Verlängerung der Jagdpacht denken.“

WILD UND HUND Nr. 24/1994

Urians letzter Kampf

Von Rudolf Möhle

Der etwa 1300 Hektar große Saupark bei Springe, 30 Kilometer südwestlich von Hannover, stellt ohne Frage einen der ältesten Naturwildparke dar. Bei dieser Flächengröße kann dank umsichtiger Hege und Bejagung des Wildes der Charakter freier Wildbahn durchaus verwirklicht sein. Aber zu den Aufgaben des Sauparks gehört auch die Öffnung dieser traditionsreichen Einrichtung für die Bevölkerung zu Zwecken der Wildbeobachtung und Erholung in reizvoller Landschaft.

Dieses ganze Zusammenspiel ist nicht ohne Probleme und Besonderheiten, die in der nachfolgenden Schilderung auch anklingen. Im Mittelpunkt steht der urige Keiler „Max", dessen Schicksal sich unbeabsichtigt anläßlich einer Nachsuche erfüllte. Das ganze Geschehen war sehr ungewöhnlich, fast unglaubhaft. Soll man's deshalb verschweigen? Aber zuvor noch einige Informationen über den Saupark Springe selbst.

Vor eineinhalb Jahrhunderten wurde auf Grund eines gegen den König von Hannover (und König von Großbritannien) vom Kammergericht gefällten Spruches, die Abwendung von Wildschäden betreffend, der Nordostteil des Kleinen Deisters bis zu seinem fast 400 Meter hohen Nesselbergkamm mit einer über 16 Kilometer langen und 220 Zentimeter hohen Mauer umgeben. Seither diente das Gebiet als Wildhegebezirk und zur Abhaltung von Jagden.

Königliche und kaiserliche Herren wechselten mit den Prominenten der Weimarer Republik und dem „Reichsjägermeister“, und heute ist der gewählte Ministerpräsident des Landes Niedersachsen hier Jagdherr und Beschirmer einer Einrichtung, die neben höchst intensiver Forstwirtschaft auf Buchen- und Edellaubholzböden ein Refugium für Dam-, Muffel- und vor allem starkes Schwarzwild darstellt.

Im Naturschutzgebiet Saupark Springe tummeln sich in der Sommerzeit etwa 300 Stück Damwild, 50 bis 70 Stück Muffelwild und bis zu 300 Sauen. Sorgliche Hege hat bewirkt, daß das Wild auch am Tage zur Äsung bzw. ins Gebräch zieht.

Die Jagd ist der Regulator, um unangemessene Zunahme des Wildstandes zu verhindern. Als Gäste des Ministerpräsidenten können Jäger, die sich um das Land Niedersachsen verdient gemacht haben, auf der Einzeljagd geführt werden oder an den jährlichen Staatsjagden, die heute im Stil von „Riegeljagden“ waidgerecht gestaltet werden, teilnehmen.

Der Saupark Springe stellt ein Beispiel musterhaft geleiteter Jagden dar, ist Zentrum einer in Nachsuchen- und allgemeiner Jagdpraxis bewährten Jagdhundhaltung und gibt der Jagdwissenschaft manche interessante Forschungsmöglichkeit.

Den Besucherstrom unmerklich zu lenken, ihm Erholungs- und Schutzeinrichtungen zu stellen, gehört mit zu den Aufgaben der Bediensteten des Sauparks.

Wegen Degenerationserscheinungen, vor allem aber, weil infolge unerlaubter Fütterung durch Besucher die Sauen domestizierten, mußte Anfang der sechziger Jahre das Schwarzwild restlos ausgewechselt werden. Im besonders eingegatterten Bachenkamp unweit der

Försterei Altenhagen wurde ein neuer Schwarzwildstamm herangehegt. Wildfänge aus der Heide, aus dem Regensburger und Ingolstädter Raum bildeten den „Grundstock“, der im Frühjahr 1966 zum Frischen in die Wildbahn des Sauparks entlassen wurde.

Max, der Ingolstädter Keiler, blieb noch zwei Jahre mit einigen Bachen im Kamp. Er trieb mit schnaubender Wut Hunde jeder Art, die in das Gatter eingedrungen waren, durch die Lücken der Umzäunung und ihre Herren zu ungestümen Fluchten auf die Planken der Gatterhorden oder das Gesims der Mauer.

Schließlich, zwölfjährig geworden, durfte auch Max in die Wildbahn des Sauparks. Er verwilderte schnell. Eines Tages schlug dann seine Schicksalsstunde.

Ich bin einige Minuten vor den anderen da, schüre die Feuer vom Vortag neu an, sammle die noch glimmenden Holzkohlestücke und trage Holzscheite herbei. Nach und nach treffen die Teilnehmer der Nachsuchenjagd ein; Punkt neun Uhr schlägt der Chef die Tür seines alten Wagens zu und begrüßt uns. Ohne Umschweife werden die am Vortage angefallenen Anschüsse genannt und anhand von Skizzen erläutert. Entsprechend den voraussichtlichen Anforderungen an das Können der Hunde werden die Arbeiten auf die Führer verteilt und die Nachsuchengruppen zusammengestellt.

Ein Umschlagen der Dickung am Bachenkamp vor dem Treffen ergab, daß in dem kleinen, sehr dichten Nadelholzaufwuchs zwei Schwarzwild-Krankfährten hinein-, aber nicht herausführten. Es erschien vorteilhaft, diese Dickung rasch mit Teilen der von mir mitgeführten Jagdterriermeute durchzudrücken, um die kranken Sauen noch vor den anderen Einzelnachsuchen zu strecken.

Während eine Gruppe schon mit der Folge auf einer besonders schwierig erscheinenden Wundfährte anfing, umstellte die übrige Mannschaft die Dickung, und zur verabredeten Uhrzeit ließ ich die Jagdterrier, in zwei Koppeln auf die beiden Krankfährten aufgeteilt, in den Horst. Selbst war ich nur mit halbem Herzen dabei; einmal glaubte ich – aus Erfahrung belehrt – nicht an einen schnellen und leichten Erfolg, zum anderen war die Fichtendickung in ihrem von unten bis zu den Spitzen grünen Benadelungszustand bei dem nassen Tauschnee wie ein großer Schwamm.

Ein, zwei Minuten Eindringen in diese naßkalte „Pracht" hieße durchweichte Kleidung bis auf die Haut zu haben, und mir war ja noch die Nachsuche auf ein Damkalb mit Odin, meinem Weimaraner, zugedacht worden. Einigermaßen den wasserspeienden Zweigen ausweichend, mogele ich mich über Bestandeslücken auf eine kleinere Blöße und warte auf den weiteren Ablauf. Jule, Kai, Kuni, Katja, Murr und Mücke sind erst ein paar Minuten weg, da hebt im Dickicht ihr Geheul an mit wütenden, giftenden Stimmen und läutet von mir fort. Schüsse fallen gegenüber am Dickungsrand, noch ein einzelner hinterher. Also doch Erfolg?

Meine Hunde sind aber noch nicht ruhig, und die andere, fremde Koppel, die auf der zweiten Krankfährte eingesetzt wurde, ist zu der Meute vor mir gestoßen; deutlich erkennt man das an dem vielstimmigen Geläut. Ich höre zu und verfolge, was sich dort vor mir im Dickicht abspielt. Hin und her geht die Hatz, kreuz und quer, aber stets bleibt der Laut im Verhau der Dickung. Immer häufiger höre ich den giftenden Standlaut, und seltener wechselt der Ort dieses wütenden Stellens. So entschließe ich mich, in die quitschnasse Dickung zum Kampfplatz vorzudringen.

Weidwunder Keiler.
(Nach einem Gemälde von J. Deiker)

„Schiele“, „Knicksteert“, „Silberling“, „Beate“ und vor allem „Fledermausohr“, ein Teil unserer früheren Zuchtbachen, haben gegen die Hatzen der Hunde eine wirksame Gegenaktion erprobt. Wenn die Meute gegen ihre Rotten anstürmt, zieht eine der führenden starken Bachen durch Sichstellen die angreifenden Hunde auf sich, und die übrigen Rottenmitglieder bringen sich derweil unter Führung einer anderen erfahrenen Bache in Sicherheit. Die sich stellenden Bachen werden bei diesen Kämpfen hart von den Hunden angenommen. Es gelingt ihnen häufig nicht, die Terrier abzuschütteln.

So müssen sich immer wieder erfahrene Rüdemänner heranpürschen, die Hunde in geeigneten Augenblicken abtrennen und an die Halsung koppeln – Hund auf Hund, bis die Macht der Bache größer ist als die der letzten Terrier und sie das Weite sucht. Dabei streift sie vielleicht einen fest in ihre Schwarte verbissenen Terrier an den Bäumen der Dickung schließlich noch ab, was häufig genug zum Ausbrechen der Fangzähne führt.

So scheint jetzt auch hier die Lage zu sein. Ich pürsche mich heran. Es ist nicht so, wie ich es sonst erlebe, kein fester Platz mit dem Gekeife und Geknurr der Hunde und dem gelegentlichen Schnauben der sich stellenden und jetzt gebannten Sau. Heute bewegt sich das Geschehen zehn bis zwanzig Meter hin und her. Von der Sau hört man nur Blasen, die Hunde aber klagen oft, bellen giftig, ein Zeichen, daß sie vorübergehend nicht mehr in der Schwarte hängen. Das Besondere der Lage kommt mir aber zunächst nicht in den Sinn. Zu plötzlich und sehr überrascht bin ich in das Getümmel einbezogen. Mit kreischenden Hundestimmen hebt es an, Schnee und Wasser stieben, und unversehens befinde ich mich auf kleiner Blöße einem großen, dunklen „Kasten“ gegenüber, der mich unverzüglich annimmt.

Streng gilt das Gebot: Es wird kein stärkeres Stück gestreckt, solange das vermeidbar ist. Aber auch wenn ich schießen wollte, ich könnte es nicht. Mehrere Terrier spritzen um das Haupt der Sau herum, andere hängen ihr fest auf der Höhe der Kruppe und selbst am Widerrist in der Schwarte. Sie bremsen das Tempo, mit dem ich attackiert werde.

Es gelingt mir, zur Seite auszuweichen. Als aber die Sau nachrückt und sich herumwirft, hilft mir nur noch ein Schuß mit dem dicht vor ihren Kopf gehaltenen, zur Erde gerichteten Lauf, um sie abzuwehren. Der Schock währt lediglich einen kurzen Augenblick. Nicht mal ein neues Brennekegeschoß kann ich in meine Büchsflinte bekommen.

Wieder ist die Sau auf Tuchfühlung nahe. Sie öffnet weit das Gebrech, ich sehe mächtige Haderer und halte sie für Haken einer mir unbekannten, starken Bache, denn Gewehre erkenne ich nicht. Aber vor dem Biß einer Bache habe ich ebensolchen Respekt wie vor dem Schlag eines Keiles, und ehe mich die Sau faßt, presse ich ihr den Systemkasten meines Gewehres in das Gebrech und drücke sie von mir fort.

Kai, irgendwie abgestreift, ist plötzlich da, erkennt wohl meine besonders gefährliche Lage, springt heulend von vorn der Sau an den rechten Teller, hängt rittlings auf dem Wurf und verdeckt die Lichter des mich noch immer hart bedrängenden Stückes. Es wendet sich von mir fort, ich krieg die Büchsflinte wieder frei. Als die Sau mit Hilfe der Fichtenzweige Kai von ihrem Wurf abstreift und er einfach eisern am Teller festhält, kommt er auf den Federn des Nackens zu reiten.

Ich aber mache mich flugs davon und habe dabei gar kein feiges Gefühl. Als ich triefend den Dichtungsrand erreiche, bin ich noch atemlos, aber auch erbost über mein Unvermögen, die Hunde von der vermeintlichen Bache zu trennen. Die unter diesen Umständen unbrauchbare Waffe hänge ich an die Äste einer uralten Weide.

„Holt mir bloß rasch die Saufeder und den Packer aus dem Wagen!" Ich spüre meine weichen Knie, und die draußen anstehenden Jäger kommen schneller zu meinem Auto.

Um mich herum sammelt sich ein kleiner Kreis Zuhörer, als ich berichte. Auch der Chef und der Revierbeamte treffen ein. „Ich glaube, deine Hunde hängen an Max und nicht an einer alten Bache, wie du annimmst", wird mir ernst bedeutet, „und dann weißt du, was das heißt! Mit Max, das ist kein Pappenstiel!" Und der Chef bestimmt: „Auf keinen Fall möchte ich, daß der Keiler oder die alte Bache – wie auch immer – gestreckt wird. Die Hunde werden schon bald müde werden und nach und nach ablassen."

Inzwischen ist Alf, mein hundertpfündiger Packer, zu mir gestoßen, und die Saufeder bringt man mir auch. Freund Heinrich, ein mächtiger Zweimetermann, hat sich hinzugesellt. Er will mir die Hunde, die ich fassen kann, abnehmen und ankoppeln. Auch er hängt seine Büchse zu meiner Waffe in die alte Weide. Noch ein weiterer Jäger drängt sich uns seine Begleitung auf, und ich kann nicht ablehnen, da seine beiden Terrier dort drinnen wütend und anhaltend fechten.

Ehe wir in das nasse Fichtengezweig eindringen, tritt ein Treiber aus der Dickung heraus. Er bringt einen von den Hunden „amputierten" mächtigen „Stein" mit ...

Es ist also wirklich der alte Keiler Max, und der Chef gibt ihn – nun so verletzt – frei.

Wir dringen unter Ausnutzung günstigen Windes gegen den Kampfplatz vor. Unser dritter Begleiter hat sich von seinem umgearbeiteten Karabiner nicht getrennt, und so muß ich noch mal deutlich Maßregeln erteilen: „Wehe, Sie kommen nachher in irgendeiner blöden Situation auf die noch blödere Idee, Ihre Püste zu gebrauchen! Ich revanchiere mich dann mit meiner Feder hier!"

Das ruft einen langen Wortschwall in der Mundart unserer früheren Reichshauptstadt hervor, indem der Begleiter erklärt, daß er keinesfalls und unter keinen Umständen und überhaupt nicht die Büchse gebrauchen wolle, aber erstens ... zweitens ... und schließlich ...

Diese lange und nicht leise Erklärung vernimmt auch der Keiler. Plötzlich ist er zwischen uns! Fünf, sechs Hunde decken ihn, halten können sie ihn nicht. Der Berliner findet sich nach einem mächtigen Satz auf der sicheren anderen Seite eines eingewachsenen Schnellzaunes wieder. Freund Heinrich aber sitzt unversehens rittlings auf dem hohen Rücken des Bassen, der sich mit schäumendem Gebrech gegen den jetzt so stummen Wortgewaltigen richtet.

Heinrich hält sich in den Nackenfedern fest, mit der Rechten haut und sticht er mit meinem norwegischen Nicker auf den Schild des Keiles los und ruft: „Rolf, help mi, help mi!“

Ich rüde nun den Packer, der – wohlabgeführt – bis zu diesem Augenblick nicht von meiner linken Seite wich, dem Hauptschwein an die Schwarte. Dann fälle ich die Saufeder. Sie ist nicht mehr ganz haarscharf, denn am Vortag wurde sie auch mitgeführt und gebraucht, wie das bei unseren Saujagden erfahrungsgemäß nötig ist.

Von hinten setze ich die Stahlklinge weit genug hinter den Schild und somit hinter das Blatt und werfe mich mit aller Kraft meiner 100 Kilogramm in den Stoß, den ich führe. Die Saufeder dringt jedoch nur drei bis vier Zentimeter in die Schwarte. Trotz der Hunde fährt der Keiler blitzschnell herum. Freund Heinrich wird dabei abgeworfen, und Max, den tobenden Urian, habe ich nun unmittelbar vor mir.

Die kleine Lichtung gestattet mir, ein paar Schritte zurückzuweichen, in Ausfallstellung zu gehen und die Feder gegen den Hals, den Stich, des erneut annehmenden Bassen zu richten.

Zum ersten Male lasse ich einen Keiler auflaufen (es blieb auch das einzige Mal!). Die Feder dringt wieder nur einige Zentimeter durch die Schwarte. Das Hauptschwein schlägt sie zur Seite und ist hautnah vor mir. Doch Alf, der Packer, hängt jetzt fest als „Bremse“ an dem Stück. Ich bekomme die Saufeder rasch genug zwischen mich und die Sau, packe am Schaft und am Heft der Klinge fest zu und dränge dem zubeißenden Keiler den Schaft ins Gebrech.

So vermag ich ihn zwar mühevoll, aber einigermaßen sicher von mir abzuhalten und abzudrängen. Dabei schlägt er einen mächtigen Span aus dem Eschenschaft. Ich kann in dem vom Geifer beschäumten Gebrech deutlich erkennen, daß die einst so gefährlichen Waffen nur noch Stümpfe sind. Doch ein Biß des Keilers würde Knochen zermalmen.

Der große Heinrich ist derweil schnell wieder auf die Beine gelangt und stellt sich mir mutig zur Seite. Doch was er mit meinem sonst so wirksamen „Knife“ machen kann, haben wir ja schon erfahren. Seine Gegenwart aber, mein Andrücken gegen das Gebrech und die sechs, sieben Hunde, die hinten zufassen, lassen den Keiler schließlich weichen. Er gibt den Schaft der Saufeder frei und wendet sich seitwärts in die Dickung – die ganze heulende, kreischende und keifende Meute mitschleppend.

Heinrich und ich sehen uns an. Hochrot sind unsere Gesichter, die Herzen hämmern, und unsere Halsschlagadern zucken, als führen Blitzschläge durch sie.

„Du, Rolf, das glaubt uns keiner! Wenn wir das erzählen, sagen alle, das sei Jägerlatein!"

„Männeken, Männeken", meint unser dritter Gefährte, der wieder zu uns aufgerückt ist, „so 'ne Schau zeigt kein Kintopp."

Ich lausche dem Getöse der Meute. Offensichtlich hängen die Hunde alle wieder dem Urian an der Schwarte, und mir scheint, als entferne sich allmählich das Gefecht. Urians Blasen wirkt andauernder, aber schwächer, offenbar beherrschen die Hunde ihn jetzt besser. Der Schild auf dem Blatt des Bassen muß dicker und breiter sein, als ich dachte. Aber die Saufeder ist ja groß und breit genug, ich hätte nur weiter hinter dem Blatt ansetzen müssen, dann hätte der Keiler die Feder sicher nicht fortgeschlagen.

Nun, wir haben den überraschenden Angriff gut überstanden. Ich glaube, jetzt, da die Hunde den Keiler noch mehr decken, wird es uns endlich gelingen, ihn abzufangen.

Ich gehe ihn wieder an, aber wir müssen den Wind besser ausnutzen; und diesmal „absolute Funkstille"! Meine beiden Gefährten schließen sich an. Im großen Bogen pürschen wir durch das quitschnasse Gezweig. Wir spüren nicht, daß die Nässe uns bis auf die Haut aufgeweicht hat. Innerlich kochen und dampfen wir. Die Dickung ist in diesem südwestlichen Teil besonders dicht. Um die Zweige nicht knacken zu lassen, kriechen wir auf allen vieren an das Getöse heran.

Immer näher kommen wir, und diesmal scheint es zu klappen: Nicht wir werden von Urian angegriffen, wir schleichen ihn an.

Aber dann, als wir schon dicht am Kampfplatz sind, werden wir gestoppt. Dichtes Schlehdorngestrüpp schließt wie ein breiter Ring die Stelle ein, auf der die Hunde wütend dem Keiler zusetzen. Mucksmäuschenstill auf dem Bauch liegend, haben wir Einblick in das Getümmel.

Der Basse ist am Boden, knurrend, keifend und kreischend sind die Terrier ihm an der Schwarte. Überall, an den Keulen, den Flanken und dem Blatt, hängen sie. Kai hat seine Fänge immer noch oder erneut dem Urian in den rechten Teller geschlagen, er hindert ihn, das Haupt zu wenden und sich beißend oder hauend zu wehren.

Alf, der schwere Packer, hat sich in der Kruppe festgebissen. Wie ein schwergewichtiger Ringer steht er über dem liegenden Keiler. Es ist kaum zu glauben, er zerrt den mächtigen, aber auch alten Keiler von einer Seite auf die andere. Und der Chef meinte, die Hunde würden müde und dann ablassen …

Ich wende mich zu meinen Begleitern und flüstere: „In diesem Dornengestrüpp können wir nichts machen, da ist er uns über. Er muß heraus, und er schafft das, wenn ich den Packer von ihm löse. Hier, nehmt die Umhängeleine; aufknüpfen, damit sie lang genug ist. Wenn ich Alf abziehen und anhalsen kann, zerrt ihr ihn zurück. Aber dann muß ich auf den Urian achten!“

So geschieht es. Die Saufeder in der Linken, mühe ich mich durch die Dornen. Eigentlich bin ich doch verrückt zu glauben, Alf abtrennen zu können, schießt es mir kurz durch den Sinn. Aber dann tue ich zwei, drei Sprünge, packe den Hund an seinem Steert, reiße ihn zurück und schreie: „Alf, aus!“

Und dieser fabelhafte Hund läßt überrascht ab und wendet sich mir zu. „Hals an!" befehle ich und streife blitzschnell – ein Auge nicht vom Keiler lassend – dem Pakker die lassoschlingenweite Halsung über.

Die Terrier, ihren „Rüdewolf" bei sich spürend, setzen dem Bassen noch wütender zu. Meine Gefährten ziehen Alf zurück, und ich retiriere auch.

Urian merkt recht spät, daß der Hauptgegner abgelassen hat. Er versucht, Oberhand zu bekommen und gewinnt sie. Ihm tun die Dornen nichts, als er sich einige Male wälzt, aber die Hunde klagen unter seinem Gewicht, und ein paar lassen von ihm ab.

Uns nimmt der Keiler aber nicht mehr an. Mitten durch die dichtesten Dornenbüsche drückt er sich davon, die abgestreiften Hunde zurücklassend. Wir richten uns auf und warten, daß die ihm folgenden Terrier ihn wieder stellen. Ich habe Alf an der Halsung, griffbereit, sie ihm schnell abzustreifen, um den Urian erneut festmachen zu lassen und dann anzugehen.

Aber plötzlich fällt außerhalb der Dickung, nicht weit von uns, ein Schuß, und das Getöse der Terrier nimmt ab.

Wir zwängen uns aus dem Dichten hinaus und gelangen zu dem dort anstehenden Züchter meines Alf. Urian liegt gestreckt unmittelbar vor seinen Füßen und bietet einen sehr imposanten, urigen Anblick.

„Der Basse preschte aus der Dickung, die jagenden Hunde meldeten ihn mir. Als er mich wahrnahm, griff er sofort an. Mir blieb nur, ihm blitzschnell die Kugel auf das breite Haupt zu setzen. Direkt vor meinen Füßen brach er zusammen!"

Lange gestattete ich es den Jagdterriern, ihren mächtigen, besiegten Gegner zu zerren und zu zurren. Schließlich aber mußten sie unter viel Lob und Kopfstreicheln an die Koppel. Als wir den Keiler wendeten, zog ich „Murr" unter ihm hervor. Fast platt war er und gab keinen Mucks mehr von sich. Sein Herz schlug aber noch, und nach einer Stunde hatte er seinen Brustraum wieder mit der schneenassen Waldesluft aufgefüllt und war bereit zu neuen Taten. Unglaublich, wie hart diese passionierten Jagdterrier sein können.

Ja, die Jagdpraxis ist voller Überraschungen. Dies um so mehr, wenn man in einem großen Gatterrevier tätig ist, das einen höheren Schwarzwildbestand aufweist als die Wildbahn üblicherweise. Manchem Leser wird die Notwendigkeit des Gebrauchs der Saufeder heute fremd sein. Im Saupark Springe ist das aber eine Notwendigkeit, denn häufig werden die Stücke von den Hunden so stark gedeckt, daß Fangschüsse nicht abgegeben werden können.

WILD UND HUND Nr. 17/1978

Annehmende Sauen

1. Episoden aus früherer Zeit

Das einzige wehrhafte Wild, das wir heute noch in unserem Vaterland haben, sind die Sauen. Ab und zu findet man in den Fachzeitschriften oder Tageszeitungen eine Notiz über Unglücksfälle, die gelegentlich der Jagden auf Schwarzwild vorgekommen sind. Aber verhältnismäßig sind solche Ereignisse selten, obgleich die Zahl der alljährlich in Deutschland zur Strecke gebrachten Schwarzkittel gar nicht so gering ist. Früher war es anders. Als man noch keine Hinterladergewehre führte, konnte es sich öfters ereignen, daß der Jäger dem grimmen Bassen mit der blanken Waffe gegenübertreten mußte. Dabei kam es dann zu Zwischenfällen, die je nach den Verhältnissen einen mehr oder weniger harmlosen Verlauf nahmen oder zu ernsten Verwundungen des Jägers und der sonst Beteiligten Anlaß gaben. Besonders bei dem Abfangen von Sauen, die von scharf jagenden Hunden gestellt oder gedeckt waren, ist früher mancher Mann der grünen Farbe zu Schaden gekommen, ohne daß viel Aufhebens davon gemacht wäre. Der Beruf des Jägers oder Rüdemanns brachte es eben mit sich.

Die Verhältnisse haben sich heute in jagdlicher Beziehung wesentlich geändert. Die Schwarzwildbestände haben der Kultur vielerorts weichen müssen. Die Haltung von Sauen in großen Parken hat aus bekannten Gründen eine erhebliche Einschränkung erfahren. Größere Meuten, die auf Schwarzwild eingejagt sind, gibt es kaum mehr. Der Rüdemann mit dem Horn und der Saufeder gehört mehr oder weniger der Vergangenheit an. Wer Sauen in seinem Revier hat, erlegt sie entweder auf Pürsch und Anstand oder im Winter, wenn sie bei Schnee eingekreist sind, beim Treiben, wobei Bracken oder Teckel, je nachdem die Verhältnisse es erfordern, zugezogen werden.

Die blanke Waffe kommt dabei kaum noch zur Verwendung. Denn jeder Schütze ist meist in der Lage, schnell sein Gewehr mit neuer Munition zu versehen und einem angeschweißten Stück den Fangschuß zu geben. Auch gröbere Sauen, die sich den Hunden stellen, werden meist mit der Büchse zur Strecke gebracht. Daß ein Schwarzkittel von der Meute regelrecht gedeckt wird, wie es u. a. bei den Parforcejagden der Fall war, und von dem Jäger mit dem Hirschfänger abgefangen wird, dürfte, wie gesagt, zu den Seltenheiten gehören. Deswegen wird es mit der Zeit nur noch ältere Jäger geben, die das Annehmen von Sauen öfters erlebt haben. Häufig war es auch früher keineswegs. Es mußte schon eine ganze Reihe von besonderen Umständen vorhanden sein, wenn ein Mensch durch Schwarzwild ernstlich gefährdet werden sollte – meist dann allerdings durch eigene Schuld. Das ist natürlich auch noch heute möglich, wenn auch in beschränktem Umfange, wie das Schwarzwild im allgemeinen erheblich abgenommen hat.

Wie bei allen Lebewesen gibt es auch unter den Sauen außerordentlich streitbare und mutige Tiere und andere, die nur bestrebt sind, jeder Begegnung mit dem Menschen auszuweichen. Letztere sind entschieden in der Überzahl. Das Schwarzwild, selbst in seinen stärksten Vertretern, nimmt den Menschen eigentlich niemals an, wenn nicht besondere Voraussetzungen gegeben sind. Dazu gehören in erster Linie angeschweißt sein, dann Bedrängnis und Bestürzung und schließlich Mutterliebe. Dabei spielt die Stärke des Wildes keine Rolle. Berüchtigt waren z. B. geringe Sauen, die mit ihren kurzen, messerscharfen Gewehren unangenehme Verletzungen beibringen konnten und den Namen „Hosenflicker“ führten. Aber auch Hauptschweine gab es, die mit ihren abgeschliffenen Waffen recht schwere Schläge austeilten,

Abfangen des Keilers.

deren Wunden Menschen und Hunden verderblich wurden. Ich habe es bei den vielen Saujagden, die ich mitmachte, ein paarmal gesehen, daß es zu unangenehmen Zwischenfällen kam. Aus der Erinnerung greife ich einiges heraus. Vorausschicken möchte ich ein Erlebnis, das die Mutterliebe der Sauen beleuchtet.

Es war meine erste Begegnung, die ich als junger Jäger mit Schwarzwild hatte. In den Osterferien, die, soweit ich mich entsinne, ziemlich spät fielen, machte ich, mit einem Flobert bewaffnet, in Begleitung meines jüngeren Bruders einen Spaziergang durch einen Forstort, der teils aus zehnjährigen Kiefernschonungen mit Ginster untermischt, teils aus Bruch und älteren Nadelhölzern bestand. Wir hatten das Gestell verlassen und krochen aus irgendeinem, mir nicht mehr erinnerlichen Grunde quer durch eine Schonung, als es plötzlich um uns lebendig wurde. Es raschelte und knackte in den dürren Ginsterzweigen, die zum Teil erfroren waren, und kleine gelbbraune Tiere flüchteten vor uns. Wir versuchten natürlich einen Fang zu machen, ohne daß wir ahnten, was wir vor uns hatten. Schon unsere begreifliche Neugierde trieb uns dazu. Mein Bruder hatte plötzlich einen Frischling, der sich, glaube ich, im Ginster verstrickt hatte, gegriffen und hielt den laut klagenden, hübsch gestreiften Burschen an einem Hinterlauf hoch. Der Gefangene stieß dabei entsetzliche Töne aus, die mit dem Schrei seiner zahmen Artgenossen eine verblüffende Ähnlichkeit hatten. Wir beschlossen, unseren Fang mit nach Hause zu nehmen, und suchten schleunigst ein Gestell zu erreichen. Ehe wir es betraten, hörten wir seitwärts vor uns in den Kiefern ein Tier brechen und blasen, ohne daß wir etwas sahen. Mein Bruder trug den Frischling auf dem Arm und hielt den Kopf unter seine Joppe, worauf das laute Klagen verstummte. Eifrig strebten wir aus der Schonung heraus, als ich plötzlich, etwa zehn Schritt von uns entfernt, der alten Bache für einige Sekunden ansichtig wurde.

Jetzt kam uns zum Bewußtsein, daß die Mutter uns ihren Sprößling nicht gutwillig überlassen wollte. Zufälligerweise befand sich ein Meter aufgesetztes Holz in unserer Nähe. Eilig liefen wir dorthin und kletterten hinauf. Dabei mußte der Kopf des Frischlings freigegeben werden, was dieser sofort zu einem erneuten Klagegeschrei benutzte. Kaum standen wir dicht nebeneinander oben, als die Bache etwa fünf Schritt von uns entfernt erschien und laut blasend und mit dem Gebrech klappernd unseren Platz umkreiste, wohl um Wind von dem verlorenen Frischling zu bekommen. Uns wurde unheimlich zumute. Ich hatte zwar eine Waffe, aber uns war streng untersagt, auf jagdbares Wild zu schießen. Auch das schlechte Gewissen regte sich wohl. So kamen wir denn überein, unserer Beute die Freiheit wiederzugeben, was wir vorsichtig sofort ausführten. Wir sahen noch, wie die Bache ihr Kind bewindete und dann mit ihm, anscheinend befriedigt, abzog. Ich glaube, die Bache hätte uns unbedingt angenommen, wenn wir den klagenden Frischling nicht zum Verstummen gebracht und uns auf den Holzstoß geflüchtet hätten.

Einige Jahre später – ich war noch Schüler – hatte ich in der Frühe eines Hochsommertages auf einen geringen – etwa zweijährigen – Keiler geschossen und ihm die Kugel etwas nach hinten angetragen. Ich führte damals eine einläufige Vorderladerbüchse, die ich von meinem Großvater geschenkt erhalten hatte. Das Gewehr war ziemlich schwer infolge des starken achteckigen Laufes, hatte etwa Kaliber 28 und schoß eine Spitzkugel auf 80 Schritt mit großer Genauigkeit. Die Zündhütchen führte ich in einer runden, durchlochten, dicken Lederscheibe in der Tasche bei mir. Nach dem Schuß hatte ich meine

Büchse wieder sorgfältig geladen und das Zündhütchen aufgesetzt. Dann ging ich an den Anschuß, auf dem ich sofort reichlichen Schweiß fand. Der Keiler war in ein Bruch, an dem ich gestanden hatte, gewechselt. Da man im Holz eine leidliche Übersicht hatte, ich auch glaubte, daß das Stück schon verendet sei, folgte ich vorsichtig der leicht sichtbaren Fährte. Nach etwa 60 Schritt hörte ich ein Geräusch und sah die Sau nahe vor mir an einen Wurzelstock gedrückt sitzen. Da mir die Sache nicht ganz geheuer war, legte ich an, um einen Fangschuß zu geben. Aber die Schwere der Büchse, kleine Grasbüschel und wohl auch meine Aufregung hinderten mich an einem sicheren Abkommen. Ich trat zweimal seitwärts hin und her und versuchte schließlich an einem Stamm anzustreichen, um einen genauen Schuß anzubringen. Endlich schien es zu gehen. Ich berührte den Stecher, aber der Hahn schlug auf, ohne das Hütchen zu entzünden.

Was sich dann ereignete, kann ich nur allgemein beschreiben. Ich lag einen Augenblick auf der Erde, der Keiler stürmte, wie es mir schien, an mir vorbei, und ich befand mich einige Sekunden später auf einem Baum, während meine Büchse unter mir lag. Von dem Keiler war nichts mehr zu sehen. Etwa eine Viertelstunde blieb ich auf meinem luftigen Sitz, dann stieg ich vorsichtig herunter und begab mich eilig zu unserem alten Jäger, dem ich mein Mißgeschick berichtete. Er nahm seine beiden auf Schweiß sicheren Teckel mit, die dann bald den schon verendeten Keiler fanden. Er hatte die Kugel etwas schräg weidwund; die Leber war durchschossen. Mein ziemlich weiter linker hoher Stiefel war an der Außenseite etwa 10 cm aufgerissen. Sonst hatte ich keine Beschädigung. Im Zündhütchen saß Schmutz, wie er sich in Taschen von Jünglingen öfters vorfinden soll.

Dieses ziemlich ruhmlose Ereignis habe ich lange in der Tiefe meines Herzens als jagdliches Geheimnis bewahrt, nicht zum wenigsten aus Angst, durch meine Eltern in meiner Jagdpassion Behinderungen zu erfahren, wenn mein Abenteuer bekannt würde. Meine Ersparnisse legte ich aber baldigst in einem Hirschfänger an, den ich für alt erstand. Auch ließ ich mich in der Kunst des Abfangens genau unterrichten und studierte mit Eifer die einschlägigen Abschnitte in Büchern über das Weidwerk. Ich habe dann später viele Sauen erlegt und einige mit dem Hirschfänger abgefangen, die meist hohe Schüsse, also Rückgratverletzungen, hatten und mir nicht gefährlich werden konnten. Dabei ist es mir allerdings einmal passiert, daß ein Überläufer aufsprang, mich umriß und mit meinem Hirschfänger flüchtig abging. Er wurde dann gefunden, und ich bekam mein Eigentum zurück.

Bei einer anderen Gelegenheit wollte ich einer geringen Bache, die schwerkrank in einem Graben saß, den Fang

Drückjagdszene. (Zeichnung von Wilhelm Buddenberg)

geben. Sie drehte sich blitzschnell um und – biß mich in den Fuß. Nur mein starker Jagdschuh schützte mich vor unangenehmen Verletzungen. Einige blaue Flecke und blutunterlaufene Stellen trug ich davon.

Bei größeren Saujagden mit der Findermeute habe ich einige interessante Episoden erlebt, von denen mir zwei besonders in Erinnerung sind. Gleich nach dem Anblasen der Jagd kam ein sehr starker Keiler, den man schon als „hauendes Schwein" ansprechen konnte, in einer Fichtenkultur wie ein Fuchs angeschlichen und verschwand auf meinen schräg von vorn mit der 11mm-Doppelbüchse abgegebenen Schuß in der Schonung. Ich konnte dann noch mehrfach auf Schwarzkittel, an denen Hunde jagten, meine Büchse sprechen lassen und erlegte, glaube ich, auch zwei Stück. Endlich kamen die Treiber.

Da höre ich vor mir in der Kultur plötzlich ein fürchterliches Geschrei von Menschen und Halsgeben und Heulen von Hunden. Da das Treiben abgeblasen war, lief ich auf die Stelle zu, von der ich den Lärm erschallen hörte. Das Bild, das sich mir bot, wird mir unvergeßlich bleiben. Im Schnee lag ein Treiber mit dem Gesicht nach unten und unmittelbar neben ihm saß ein grober Keiler, an dem ein halbes Dutzend Hunde sich verbissen hatten, während andere ihn verbellend umstanden. Schweiß war überall. Ein Hund lag schwer geschlagen mit offenem Leib da, aus dem die Eingeweide herausquollen. Ein anderer stand stark schweißend seitwärts. Einige Treiber befanden sich in respektvoller Entfernung. Ab und zu suchte der Basse sich seiner Angreifer zu erwehren, was ihm auch teilweise gelang. Die Hunde flogen zur Seite. Aber sofort hatten sie ihn wieder von seitwärts und rückwärts gepackt. Ich trat etwas näher heran, um einen Schuß anzubringen. Das war indessen ganz unmöglich, ohne Menschen oder Hunde zu gefährden. Denn der Kampf wogte hin und her. Endlich kam der Rüdemann und machte dem aufregenden Schauspiel ein Ende, indem er dem Keiler mit der Saufeder weidgerecht den Fang gab.

Der Treiber, den der Basse angenommen hatte, als er von ihm im Wundbett rege gemacht wurde, hatte Glück gehabt und nur einige Schrammen davongetragen. Die tapferen Hunde waren gerade zur rechten Zeit auf die Fährte gekommen und hatten das Hauptschwein sofort gedeckt. Meine Kugel war tief am Stich herein und weidwund heraus. Der Keiler mußte also schon ziemlich krank sein, als er den Treiber annahm. Sonst hätte der Ausgang leicht ein anderer sein können. Die geschlagenen Hunde wurden übrigens sofort vom Rüdemann genäht und auf einem Wildwagen fortgeschickt. Sonderbarerweise sind beide wieder gesund geworden, sollen allerdings an Schärfe eingebüßt haben.

Bei einer anderen, ähnlichen Jagd schoß mein Nachbar einem flüchtigen zweijährigen Keiler beide Hinterläufe in Höhe den Hessen ab. Der Schwarzkittel schob sich unter einer dicken Fichte ein. Als die Treiber herankamen, zeigte der Schütze den Leuten die Stelle, wo der nach seiner Ansicht längst verendete Keiler liegen mußte, entlud seine Büchse und wollte gerade seinen Stand verlassen, als der Ruf: „Hier ist Lebensgefahr!“ an sein Ohr schallt. Ein Treiber, ein jüngerer Mann, hatte die Sau unter der Fichte entdeckt und, da sie noch zu leben schien, ihr mit seinem starken Knüppel einen kräftigen Hieb übers Gebrech gegeben. Im selben Augenblick lag er mit einem tüchtigen Schlag am Bein auf der Erde. Stiefel und Hose waren wie mit einem Messer aufgeschlitzt, und längs des Unterschenkels war ein klaffender Riß von Handlänge. Die anderen Treiber waren schleunigst auf-

Ob es gelingt ...? (Zeichnung von Wilhelm Buddenberg)

gebaumt und sahen in den schwachen Fichten sehr komisch aus. Die Hunde waren zufälligerweise nicht zur Stelle. Ein Fangschuß erlöste dann den Bassen von seinen Leiden. Der Treiber war nach einigen Wochen wieder arbeitsfähig.

Einen sehr merkwürdigen Anblick hatte ich einmal in einem Haferschlage, in dem ich einem dreijährigen Keiler die Kugel – leider – weidwund hingesetzt hatte. Ich hatte von einem Hochsitz aus geschossen und wußte genau, wo sich das Stück niedergetan hatte. Da ich über eine Stunde lang keinerlei Bewegung mehr sah, ging ich mit dem Jäger zunächst auf den Anschuß. Der Hafer stand etwas ungleich und hatte besonders an einzelnen Kuppen infolge der Dürre niedrige und dünne Stellen, während er in den Gründen über 1 m hoch war. Als wir die leicht zu findende Fährte entdeckten, blieb ich an einer Kuppe stehen, während mein Begleiter, vorsichtig dem Schweiß folgend, vorwärts ging. Plötzlich sehe ich ihn einen hohen Satz machen, zweimal schießen und dann mehrere Male hoch in die Luft springen. Dann kommt der Schwarzkittel etwa zehn Schritt entfernt an einer lichteren Stelle ziemlich langsam bei mir vorbei und bricht auf meinen Schuß verendet zusammen.

Der Jäger war bei der Folge unmittelbar auf den im Wundbett sitzenden Keiler gestoßen und wurde angenommen, ehe er seine Büchse gebrauchen konnte. Nur durch einen hohen Satz konnte sich der junge Mann retten. Trotz seiner beiden Schüsse, die allerdings nicht getroffen hatten, wurde er dann noch mehrfach von dem Keiler angenommen, sobald er in seine Nähe kam.

Die vorstehend erwähnten Fälle möchte ich als charakteristisch bezeichnen: Der Jäger hat die annehmenden Sauen entweder nicht tödlich getroffen oder ihnen keine Zeit gelassen, krank zu werden. Ist man aus irgendwelchen Gründen gezwungen, einem angeschweißten Stück Schwarzwild bald zu folgen, so ist einige Vor-sicht angezeigt, vor allem, wenn man keinen genügenden Platz zum Schießen hat. Gewöhnlich nimmt der Schwarzkittel sehr schnell an, so schnell, daß zum Ziehen des Hirschfängers, der übrigens wenig nützen würde, keine Zeit bleibt. –

Wenn auch die großen Saujagden mit der Meute der Vergangenheit angehören und die blanke Waffe meist in der Scheide bleibt, so steckt doch immer noch ein gut Stück Poesie des Jägerlebens in dem Erlegen des urigen Bassen, der zwischen grünen Tannen im Schnee daherstürmt.

Bernd von Rautenweiler

WILD UND HUND Nr. 3/1925

2. Der Hosenflicker

In der Staatsoberförsterei Neupfalz (Hunsrück) wurde bei Schnee regelmäßig nach Sauen gekreist. Morgens gegen 11.30 Uhr trafen sich auf der Jagdhütte im Distrikt Plankenborn und in späteren Jahren auf der Glashütte die Forstbeamten, um die Resultate ihres Kreisganges bekanntzugeben. Auch der Herr Oberförster kam, wenn es der Dienst erlaubte, mit seinem Jagdwagen dorthin angefahren. Waren keine Sauen fest, dann saß man oft noch ein Stündchen gemütlich beisammen. Es wackelte dann die alte Jagdhütte im Plankenborn von den Lachsalven, welche die beiden humoristischen Förster Kaul und Tillmann durch Erzählen von Jagdgeschichten und oft recht derben Jägerwitzen hervorbrachten.

Denkt euch, erzählte einmal Herr Kaul, ich habe doch vor drei Tagen den guten Hirsch geschossen. Nun traf mich gestern mein Holzhauer, der rote Saam aus Gebroth. „Herr Forschter, gell se ham of dem Hölzerkopp en Hersch geschoß?" – „Warum meinst du das, Saam?" – „Ei, ich hon dat Gepänz do leihe siehn." – „Ja, das kann doch auch von einem Stück Mutterwild gewesen sein?" – „Ne, Herr Forschter, bei dem Gepänz lag ach dem Hersch seine Strawatzer, un dem Strawatzer no, muß et en schwerer Hersch gewesen sein."

Waren Sauen fest, wurde gleich mit der Jagd begonnen. Es lag reichlich Schnee und war recht kalt, als wir damals an einem Tage auf der Glashütte zusammenkamen. Eine Sau steckt in der Reichenbach, berichtete Förster Kaul, und eine habe ich auf der Opelhöhe festgemacht, meldete ich. Der Herr Oberförster war an dem betreffenden Tage zur Beerdigung der Mutter des Nachbaroberförsters gefahren, konnte deshalb an der Jagd nicht teilnehmen.

„Wir wollen zuerst auf die Sau in der Reichenbach Jagd machen“, schlug Herr Kaul vor. Die Holzhauer aus dem in der Nähe gelegenen Holzschlage wurden herbeigerufen, die Schützen wurden angestellt, und das Treiben begann. Leider fehlten die beiden guten Hunde des Oberförsters. Der Trieb zog sich hin und her, doch die Sau kam nicht zum Vorschein. Schließlich stellte es sich heraus, daß sie an einer unbesetzten Stelle durchgewechselt war.

Nun ging es zur Opelhöhe. Auch hier war die Aussicht auf Erfolg gering, da das Treiben sehr groß war und nur die Hauptwechsel bestellt werden konnten. Ich stand auf einem schmalen Weg, der durch die Fichtendickung führte, auf dem Flügel. Die Treiber gingen an und waren in der Mitte der Dickung angekommen, als die Sau dicht vor einem Treiber hoch wurde. „Hier rennt sie, Achtung, sie geht an der Seite heraus“, rief Holzhauermeister Zimmermann. Gleich darauf hörte ich die Sau durch die Dickung brechen. Sie hatte die Richtung, als ob sie links von mir über den Weg wechseln wollte, drehte sich jedoch im letzten Moment nach rechts und streckte gerade dicht vor meinem Stand das Gebrech heraus, um wie der Blitz wieder zurück in die Dickung zu verschwinden. Im Umdrehen hatte ich den Schuß hingeworfen. Die Sau schweißte gleich sehr stark. Ich stellte noch fest, daß sie aus der Dickung am Dreibornerrech den Hang hinuntergewechselt war, in der Richtung auf die Glashütte. Da es schon zum Abend ging, konnte an eine weitere Verfolgung der angeschossenen Sau nicht mehr gedacht werden.

Bei der Zusammenkunft am anderen Morgen nach dem Kreisen berichtete Herr Kaul: „Die angeschweißte Sau steckt gleich hier am Schnorrbach. Sie ist vom Rand der Fichtendickung nach dem Bache hin öfters hin und her gerutscht, und diese Rutschbahn ist rot von Schweiß.“

Die Wechsel der großen Dickung wurden besetzt, und ich zog mit dem Schweißhund und einem Dackel der Wundfährte nach. An dem Tage war es bitterkalt. Die Fichtendickung, zum Teil aus Vollsaat herangewachsen, war stellenweise so dicht, daß man nur mit großer Mühe fortkommen konnte. Nach langem Hin und Her kam ich an das frische Wundbett der Sau, die vor mir und dem Schweißhund hoch geworden war. Der Schweißhund hielt sich nicht an die Saufährte, und der Dackel jagte anscheinend an einem Fuchs. Nachdem ich die frische Saufährte noch ein Stück verfolgt hatte, rief Förster Gergler: „Eben ist die Sau hier über meinem Stand durchgewechselt, sie kam schlecht voran und knickt fortwährend hinten zusammen; jetzt steckt sie in der Dickung oberhalb des Weges." Schnell wurde nun dieser Teil abgestellt und die Holzhauer zugezogen, um die Sau aus der Dickung zu drücken. Doch erst nachdem die Holzhauer des Nachbarförsters die Treiberwehr so verstärkt hatten, daß die Treiber dicht nebeneinander vorgehen konnten, gelang es, die Sau aus der Dickung zu bringen. Förster Kaul, Forstbeflissener O. und ich standen oberhalb der Dickung in einem älteren lichten Buchenbestande.

Hier kam die Sau, die schlecht fort konnte, dem Beflissenen. Dieser schoß auf sie und lief dann nahe an sie heran. Der Keiler nahm dies aber krumm, drehte sich um, und ehe unser Forstbeflissener einen weiteren Schuß anbringen konnte, hatte die Sau ihn erreicht. Ein Schlag, und das vorgestreckte Gewehr flog in den Schnee, dann noch ein Hieb, und die linke Wade war Herrn O. bis auf den Knochen aufgeschlitzt. Der Keiler hatte dabei einen Wutschrei ausgestoßen. Herr Kaul und ich sprangen sofort hinzu. Der Beflissene stand leichenblaß zwei Schritte von dem Keiler, der hinten zusammengesunken war. O. hatte einen Knikker gezogen und stützte sich an eine Buche. Sobald er nur eine Bewegung machte, wollte der Keiler ihn annehmen; dieser kam aber nicht mehr recht hoch. Förster Kaul gab ihm noch einen Blattschuß, und dann sprangen wir beide zu dem geschlagenen, jungen Schützen, der durch den Blutverlust und die Schmerzen einer Ohnmacht nahe dastand. Als wir noch mit dem Verwundeten beschäftigt waren, hatte sich der Keiler nochmals auf die Läufe geschafft, und ich mußte ihm den Fangschuß geben.

Unterdessen waren Schützen und Treiber herbeigekommen. Die Holzhauer fertigten eine Tragbahre aus Fichtenstangen und Zweigen an, und nachdem man die tiefe Wunde verbunden, trug man den Verwundeten zur Glashütte. Hier wurde er in Decken eingewickelt und auf dem Jagdwagen des Herrn Oberförsters nach der Oberförsterei gebracht. Die Wunde war sehr tief, da sie bis auf den Knochen ging und O. recht dicke Waden hatte. Er bekam starkes Wundfieber, hielt viele Schmerzen aus und mußte wochenlang das Bett hüten. Einem angeschossenen Keiler wird er wohl nicht mehr nachgelaufen sein.

Meine Kugel vom Tage vorher hatte den Keiler durch die rechte Niere getroffen und war hoch durch die linke Hinterkeule geschlagen. Es war ein richtiger Hosenflicker, der aufgebrochen 145 Pfund wog. F.P.

WILD UND HUND Nr. 47/1928

3. Gefährliche Nachsuche

Am Morgen des 31. Dezember suchte der sehr erfahrene Schweißhundführer Fr. v. Bothmer mit seinem im neunten Behang stehenden Hannoveraner Brinno vom Buchenfürst ein am Vorabend beschossenes Stück Schwarzwild nach. Der hervorragende „weiße Leithund" ersparte viel Riemenarbeit und wies aus, daß es sich um eine stärkere Sau handelte, die einen nicht lebensbedrohenden Laufschuß haben mußte. Nach dem ersten Wundbett, etwa zwei Kilometer vom Anschuß entfernt, lag in der weiteren, rund vier Kilometer langen Wundfährte kein Schweiß mehr.

Im dichten Dorngestrüpp am Rande eines Erlenaltholzes mit Weißdornbüschen als Unterwuchs hatte sich das Stück gesteckt und wurde dort von Brinno gestellt, nachdem er zur Hatz geschnallt worden war. Sein Führer umschlug den Erlenbestand und pürschte entlang der gut mannshohen Schrägwand eines Abflußgrabens auf den Ball zu. Kurz vor Erreichen des Dorndickichts, in dem die Sau sich gesteckt hatte, mußte der Hundeführer sich unter tief herabhängenden Zweigen hindurchzwängen. In diesem Augenblick purrten sechs oder sieben Rebhühner vor seinen Füßen auf und gleich danach noch ein weiteres Huhn, ein wenig entfernt an anderer Stelle.

Ob auch das Schwarzwild sich durch das Aufpurren der Hühner erschreckt hatte oder was auch immer die Ursache gewesen sein mag – wie ein grober Klotz floh die Sau auf den Schweißhundführer zu, warf ihn in den Graben, schlug ihn zweimal beidseitig am Kopf und viermal beidseitig am Körper. Als Glücksumstand ist anzusehen, daß v. Bothmer nach seinem Sturz fast völlig von Wasser bedeckt war. So fehlte die volle Wucht der Schläge, und er kam mit mehreren schmerzhaften Prellungen und blauen Flecken im Gesicht und am Körper davon.

Das hatte sich in Sekundenschnelle abgespielt, denn Brinno war dem Keiler, scharf zufassend, auf den Rükken gesprungen, so daß dieser von seinem Opfer abließ. Er flüchtete die Grabenwand empor, stellte sich auf etwa zweieinhalb Meter auf dem Grabenrand breit und verhoffte. Noch im Liegen schoß ihm der Schweißhundmann aufs Blatt (Winch. 308). Hierauf drehte sich die Sau dem Schützen mit dem Haupt zu, äugte ihn an, hielt das Repetieren aus (drei Versager – warum? – Patronen wurden ausgeworfen), wendete sich ab, schob sich in dem erwähnen Dorngestrüpp ein – und fiel verendend um (Herzkammerschuß).

Wie zu Beginn der Nachsuche anhand des Fährtenbildes angenommen, bestätigte sich, daß der Keiler einen hohen Streifschuß am linken Vorderlauf mit Anstreifen des Brustkerns erhalten hatte.

Als weiteren Glücksumstand, neben dem „Wasserschutz", wertet v. Bothmer, daß er auch diesmal die Laufmündung seiner Büchse mit Tesafilm verklebt hatte, um das Eindringen von Fremdkörpern (hier Wasser!) zu verhindern.

Brinno wurde bei der Auseinandersetzung mit dem Bassen ebenfalls geschlagen, er erhielt einen Schmiß von der Brante bis über das Sprunggelenk innen am linken Hinterlauf.

Erwin-Rudolf Lorenz

WILD UND HUND Nr. 25/1977

4. Niemand ahnte etwas von dem Keiler …

Wenn ein Reiter erklärt, er sei von seinem Pferd getreten, so mag das nicht weiter verwundern. Behauptet aber ein humpelnder Schweißhundführer, ein Keiler habe ihn getreten, kommen sicher Zweifel auf. Und doch war es so, als an diesem nebelfeuchten 22. November der gestandene Berufsjäger und als routinierter Schweißhundführer weit bekannte Reinhard Kompa nach einer Drückjagd einen Frischling nachsuchte.

Mit seiner Hannoverschen Schweißhündin „Aspe“ fand er nach längerer Riemenarbeit im offenen Altholz unter einer Schirmfichte den Kujel, der einen Streifschuß an der Keule hatte. Längst vor Eintreffen des Gespanns am Wundkessel war der Frischling schnell wie eine gesunde Sau geflüchtet, hatte einen großen Vorsprung, konnte aber letztlich der hetzstarken „Aspe“ nicht entkommen.

Sie fand ihn in einer Dickung und hetzte den Kranken auf offenes Feld, wo er einen kleinen, austrocknenden Tümpel annahm und sich im dichten Schilf der ehemaligen Viehtränke dem Hund stellte.

Der kaum behinderte Frischling gewann Selbstvertrauen und setzte sich gegen den stellenden Hund zur Wehr. Er versuchte, durch zornige Ausfälle die Hündin aus dem Schilfgürtel hinauszujagen. „Aspe“ aber kennt solches Spiel. Sie hielt geschickt und elastisch immer den gleichen Abstand und gab anhaltend Standlaut.

So tobten Sau und Hund wohl eine Viertelstunde in der hausflächengroßen Schilfpartie auf und ab, bis Kompa, vom Lärm geleitet, endlich eintraf und dem Frischling einen schnellen Fangschuß gab. Jäger und Hund freuten sich. „Aspe“ schüttelte mit wütendem Geknurre die Beute; Reinhard lobte den Hund und rief laut die übrigen Teilnehmer der Nachsuche zu sich.

Groß war das Hallo ob dieses unerwarteten Erfolges. Alle umstanden den Frischling; es gab viel zu erzählen.

Dies alles muß er unmittelbar neben sich ausgehalten haben, der Basse, der nicht in einer Dickung bei den übrigen Sauen steckte, sondern den Tag dort verbrachte, wo ihn keiner vermutete, nämlich in eben diesem kleinen Tümpel.

Auch ein noch so gewitzter Keiler kann nicht im voraus ahnen, daß ein von Hunden gehetzter Frischling in der Aufregung die Orientierung verliert und Hunde und Jäger ausgerechnet in sein so raffiniert ausgesuchtes Tagesversteck führt.

Mit einer gewaltigen Flucht fuhr er aus seinem Schilfkessel, raste los und verfehlte dabei die richtige Richtung. Reinhard Kompa war eben etwas beiseite getreten, um den Schweißriemen aufzunehmen. Er sah den Keiler nicht kommen, hörte nur die dürren Schilfhalme rauschen und brechen. Plötzlich war der Basse da und auch schon wieder weg. Reinhard spürte einen stechenden Druck auf seinem Fuß und sah starr das schwarze Ding an sich vorbeipreschen.

Bevor die Umstehenden die Situation erfaßten, war der Spuk platschend im hohen Schilf verschwunden. Zurück blieb ein verdatterter Schweißhundführer, der erst langsam genug Puste gewann, um seinen Fuß aus dem Schlamm hervorzuziehen und dem Schwein einen nicht druckfähigen Fluch hinterherzuschleudern. Passiert war ihm nichts, nur sein linker Fuß schmerzte heftig.

Reinhard hatte genau auf dem Fluchtwechsel des hochflüchtigen Keilers gestanden. Dieser wollte den Zusammenstoß vermeiden, warf sich im letzten Moment herum und hatte während der Vollbremsung und Richtungsänderung mit seinem linken Vorderlauf auf Reinhards linkem Gummistiefel gestanden.

Es ist sicher, daß es sich bei der Sau keineswegs um einen Frischling oder Überläufer handelte. Ebenso sicher ist Reinhard Kompa ein ganz besonnener Mann und abgebrühter Schweißhundführer, aber auch ihm schienen Schmerz und Schreck die Dimension zu diktieren, als er nach einem tiefen Schnaufer meinte: „Ein Hauptschwein! Mindestens vier Zentner." Seeben Arjes

WILD UND HUND Nr. 3/1992

5. Des altkranken Keilers Rache

Das Thema lautet: Kräfteverhältnis zwischen Jäger und Wildschwein. Der Jagdpächter hatte eine einzelne Sau zufällig im Kessel gestört und bei der Flucht beobachtet, daß „da irgend etwas nicht stimmte". Aber im Kessel fand man keinen Schweiß, und auch sonst gab es keine weiteren Hinweise, daß die Sau krank sein könne.

Horst F. sagte aus seiner Erfahrung: „Vielleicht ist sie altkrank, das mag sie zwar behindern, aber wir haben kaum eine Chance, sie zu bekommen." Dennoch verabredeten sich Pächter und Hundeführer, es mit dem Hannoverschen Schweißhund wenigstens zu versuchen. Der junge, aber schon sehr erfahrene Rüde untersuchte den Tageskessel der Sau gründlich und nahm die Fährte auf. Am Riemen führte er durch verschiedene Waldbestände über etwa 1,5 Kilometer bis an ein feuchtes Bruch, ein wildes Gelände, mit vom Sturm gefällten und liegengebliebenen Fichtenriesen, hochragenden Wurzeltellern und alles überwuchernden Brombeerranken. Dort begann der Hund mit hoher Nase vorsichtig zu werden, was Horst natürlich zu deuten wußte. Er ist ein erfahrener Schweißhundführer, das heißt, er ist zwar mutig, aber nicht dumm. Deshalb schnallte er seinen Rüden und nahm seine Büchse von der Schulter.

Langsam drangen beide so tiefer und immer tiefer in das Sumpfgebiet ein. Bald war Rüde „Ares" nicht mehr zu sehen, und Horst blieb angespannt stehen. Sein siebter Sinn bedeutete ihm, daß hier bald etwas passieren würde.

Da hörte er seinen Hund irgendwo nahe vor ihm. Es war kein Standlaut, wie man ihn sonst am gestellten Stück

Schwieriges Abkommen.
(Zeichnung von Wilhelm Buddenberg)

kennt, sondern nur ein dumpfes Knurren und ab und zu ein kurzes tiefes „Wuff"!

Da steckt also das Kerlchen, dachte Horst, und pürschte sich unter Wind näher heran. Er entdeckte auch seinen roten Hund, der höchstangespannt in einen dichten Brombeerverhau hineinknurrte. So sehr sich Horst auch bemühte, von der Sau konnte er nichts sehen. Aber „Ares" wurde durch die Anwesenheit seines Führers dreister und bedrängte das eingeschobene Stück. Immer noch war dieses im dichten Gestrüpp nicht auszumachen. Aber irgendwann wird solches Bedrängen jeder Sau zuviel, dieser jedenfalls „platzte die Schwarte".

Plötzlich war sie da, ignorierte den Hund und wandte sich dem eigentlichen Verursacher ihrer mißlichen Lage, dem Menschen zu. Der fuchtelte überhastet einen adrenalinbeschleunigten Schuß in die Botanik, bevor ihm ein kräftiger Schlag die Beine wegsäbelte. Aus horizontaler Lage nahm Horst die Sau jetzt aus völlig ungewohnter Perspektive wahr. Mit blankem Entsetzen sah er das bedrohliche Gewaff eines wehrhaften Keilers über sich.

Der Basse war wie von Sinnen und beließ es nicht bei dem einen Niederschlag. Er nahm den Gegner erneut an und hieb mit seinem Gewaff kraftvoll in die Unterschenkel des Hundeführers. Stiefel und Hose gingen in Fetzen, tief drangen die Gewehre in Fleisch und Muskeln. Gott sei Dank blieben wenigstens alle Knochen heil.

Alle Versuche, den Keiler in höchster Not abzuwehren, brachten nichts. Weder durch lautes Schreien noch durch Tritte mit den lädierten Stiefeln ließ er sich von seinem Vorhaben abbringen. Im Gegenteil, er wurde noch zorniger und biß dem trampelnden Jäger mehrfach äußerst schmerzhaft in den Oberschenkel.

Schweißhund „Ares“ war der Retter in höchster Not und eilte seinem Herrn zu Hilfe. Der Rüde packte kräftig in die Flanken der Sau. Diese wandte sich darauf dem neuen Widersacher zu, schlug ihn ab und verschwand zwischen Brombeeren und entwurzelten Baumriesen im Sumpf.

Horst sortierte mühsam seine geschundenen Glieder und überlegte, ob er die Jagd noch fortsetzen könne. Sein Hund hatte das bereits getan und jagte den Keiler lauthals aus dem Sumpf heraus in eine Dickung hinein. Dort wollte sich der Basse aber immer noch nicht stellen. Er brach dem Rüden trotz oder gerade wegen seines scharfen Stellens immer wieder aus.

Durch den Hundelaut waren die ringsum abgestellten Jäger weitgehend über den Verlauf der Suche im Bilde. Einer hörte den Lärm auf sich zukommen und erwartete Sau und Hund am Dickungsrand auf einem Weg.

Er hatte sich richtig postiert; denn nicht weit von ihm erschien der Keiler, mehr rückwärts als vorwärts ziehend, weil er sich des ihn bedrängenden Schweißhundes zu erwehren hatte. Der Mann konnte aber nicht schießen, weil der Hund ständig zu nahe an der Sau war. So beschränkte er sich darauf, das Schauspiel erschrokken, aber fasziniert zu verfolgen.

Dies allerdings nur solange, bis der Keiler seinerseits ihn entdeckt hatte. Augenblicklich kümmerte er sich nicht mehr um den Hund. Ohne zu zögen nahm er auch diesen Menschen an und rannte ihn mühelos über den Haufen, bevor der an Schießen auch nur denken konnte.

Wie zuvor schon der Schweißhundführer, bekam auch dieser vorgestellte, nun aber vorliegende Schütze den Unwillen des Keilers zu spüren. Stiefel und Kleidung wurden zerfetzt, die langen, scharfen Waffen rissen dem Mann tiefe Wunden und öffneten große Adern.

Wieder griff Schweißhund „Ares“ ein, und als ein weiterer Schütze eintraf, fand er Hund, Sau und Jäger zu einem wirren Knäuel verwickelt.

Zum Glück handelte es sich bei dem neu hinzugekommenen Jäger um einen sehr besonnenen Mann. Der behielt trotz der Lebensgefahr für seinen Mitjäger die Übersicht und wartete mit kühlem Kopf auf den richtigen Moment. Dann schoß er und traf den Keiler richtig, ohne Hund und Menschen zu gefährden.

Der bedauernswerte letzte Kampfpartner der Sau konnte sich an der Erlegung des Keilers vorerst nicht mitfreuen. Er war von dem Vorfall derart mitgenommen, daß er einen Schock bekam. Seine Waidkameraden brachten ihn sofort ins Kreiskrankenhaus, wo ihm geholfen wurde.

Das äußerst feindselige Verhalten des Keilers gegenüber Menschen ist nachvollziehbar. Wußte er, wer ihm bereits vor Jahren einen Lauf abgeschossen hatte?

Seeben Arjes

WILD UND HUND Nr. 25/1999

6. Wehrhaftes Schwarzwild in der Historie

„Wer könnte wohl alle Gefährlichkeiten aufzählen, die sich auf den Jagden zutragen und darein sich die frechen Jäger mutwillig strecken!" schrieb vor fünfhundert Jahren der General des Karmeliterordens Mantuanus und dachte dabei gewiß nicht zuletzt an das wehrhafte Schwarzwild, das seit eh und je den mutigen Mann zum Wagnis und zum Abenteuer herausfordert. Doch wer vor Gefahren warnt, wird kaum die Zuneigung einsatzfroher Jugend und schon gar nicht die Zustimmung mannhafter Jäger finden. Tiefer als Mantuanus spricht sie die viel ältere Weisheit des Griechen Xenophon an: „Ich will hiermit die jungen Gesellen ermahnen, die Kunst des Jagens so wenig als irgendeine andere zu verachten. Wer sich des Jagens befleißigt, hat großen Nutzen davon; sein Leib wird stark und frisch."

Neben ungezählten Männern, die, vom Bär, vom Ur oder vom Keiler geschlagen, namenlos in die ewigen Jagdgründe eingingen, weiß die Geschichte von hohen Würdenträgern und ausgezeichneten Persönlichkeiten zu berichten, denen der Kampf mit dem wehrhaften Schwarzwild zum verhängnisvollen Schicksal wurde.

Nach Ovid (Liber X, Metamorph.) wurde Adonis, der Geliebte der Aphrodite, von einem starken Keiler geschlagen und von seinen Jagdbegleitern sterbend aufgefunden. –

Herodot (Liber I) und Olaf Magnus (Liebe IV, Cap. XV) berichten von einer Saujagd, auf der Atys, der Sohn des Königs Krösus, im 6. Jahrhundert v. Chr. umkam. Der Historiker Cyriakus Spangenberg (1528 in Nordhausen geboren) erzählt uns über diesen Vorfall in dem 1560 von ihm verfaßten „Jagteuffel" folgendes: Atys eilte mit Pferd und Hunden auf einen Keiler zu, um ihn zur Strecke zu bringen. Sein Begleiter Adastrus wollte ihm jedoch zuvorkommen, „schwanket sein scheffelin oder schießspies / scheusset aber neben hin / und verwundet den Atyn so übel / das er starb." Obwohl König Krösus dem Adastrus verzieh, „hat dieser sich doch so hart darümb bekümmert / das er sich auf des Atys begrebnis selbst hat erstochen."

Nicias (wahrscheinlich handelt es sich hier um den durch seine Tapferkeit berühmten Feldhauptmann Athens) kam in einem brennenden Kohlenmeiler um, als er einen Keiler allzu eifrig verfolgte (Spangenberg, „Jagteuffel" 1560).

Der griechische Schriftsteller Plutarch (46125 n. Chr.) erwähnt zwei Atteonen, die beide von hauenden Schweinen getötet wurden. Derselben Quelle entnehmen wir, daß Carmon während einer Jagd auf dem Berg Tmolus tödlich geschlagen wurde. Ein gleiches Schicksal traf Ankaeus, den Vater des Agapenorus. –

Berühmt wurde im Altertum die kalydonische Jagd, auf der das kalydonische Schwein, calydonius aper, zur Strecke gebracht wurde. König Oeneus residierte in Kalydon, der Hauptstadt Aetoliens. Als er eines Jahres nach altem Brauch den Göttern opferte, um sie sich und seinem Volk geneigt zu machen, vergaß er die Göttin Diana. Die Göttin geriet darüber in Zorn und ließ das Land des Königs durch ein gewaltiges Wildschwein heimsuchen. Die Ernte wurde durch das wütende Tier vernichtet, und dem Land drohte große Not. Endlich sammelte des Königs Sohn, Meleager, die tapfersten Griechen um sich, unter ihnen den Panopes, dessen Sohn später das trojanische Pferd baute, den Mopsus, he von Nisibis, der früheren Hauptstadt von Mygdonia in Mesopotamien, stieß der Kaiser auf ein hauendes Schwein, das – nach den Ausführungen von Spangenberg – „einen starcken Reutter vom gaul gerissen und umbbracht hatte“, bevor es der Kaiser mit Hilfe von dreißig Kriegsknechten zur Strecke bringen konnte.

Auch Kaiser Konstantin II. (337361 n. Chr.) galt als leidenschaftlicher Jäger. Noch heute zeigt ihn eine Gemme im Kampf mit dem berühmten Keiler „Xiphax“, den er auf eine Saufeder auflaufen läßt.

Lucius Apulejus, ein in Karthago lebender römischer Schriftsteller des 2. Jahrhunderts, erzählt in seinem bekannten satirischen Roman „Der goldene Esel“ von einem gewissen Leopolemus und seinem Widersacher Thrasyllus. Thrasyllus buhlte um das Weib des Leopolemus, den er in den Wald lockte, um ihn dort umzubringen. Auf der Jagd wurden sie von einem Keiler angenommen, der (nach Spangenberg), „von dicken Fleischmassen gantz feist und fett war / mit strauffen haaren auff der dicken haut / und mit auffgeworffen harten borsten / sich wüste streubete / die Zeene mit griesgrammen wetzete / und mit dem Munde scheumete / mit den augen wilde umb sich sehend / mit gresslichem gesichte und vollem lauff gantz erbrempset / wie ein wetter herein gewüscht / und hat erstlich unter den hunden gewütet / und die freidigsten und besten / so sich am nehesten hinzugemachet / mit den grossen Zeenen von einander gehawen / das hier einer / dort der ander stück weis gelegen. Darnach die Netz und Garn zerrissen und zertremmet / sich darauff gewand und den Leopolemus angriff.“ Diese Gelegenheit nutzte dann Thrasyllus und stach, scheinbar gegen den Keiler ausfallend, Leopolemus nieder.

„Ludewig, der Stamlend König zu Franckreich und erweleter Römischer Kaiser", hatte neben anderen Kindern „einen freudigen son und helden / Carlonum genannt / der wird Ano 884 von einem wilden schwein so übel verletzet / das er des todes darüber sein muste." –

Wilhelm Paradin, im 16. Jahrhundert Herr von Cuiseaux in Burgund, wirft in der von ihm verfaßten Chronik den Königen Frankreichs vor, sie seien überhaupt mehr oder minder alle vom Jagdteufel besessen gewesen, weshalb viele von ihnen auch auf der Jagd umgekommen seien: Theodebertus I., König von Austrasien, dem östlichen Teil Frankreichs, sei im 6. Jahrhundert von einem Stier getötet worden. Hilderich habe 679 zusammen mit seiner Frau auf einer Jagd das Leben lassen müssen. Hasthülf sei 756 vom Gaul gefallen, als er zur Jagd im Wald weilte; wenige Tage später habe er sterben müssen. Lothar sei auf der Jagd von einem hitzigen Fieber befallen und kurz darauf gestorben (986).

1030 erlag Graf Heinrich zu Alttorf den Verletzungen, die ihm ein Keiler zugefügt hatte.

Über das Ende des Kaisers Isaakus Comnenus (1057 – 1059 Kaiser in Konstantinopel) liegen zwei verschiedene Berichte vor. Psellus (Michael Psellus, Hofmeister und Arzt des Kaisers Konstantin Dukas) meldet, der Kaiser sei während einer Saujagd von einem hitzigen Fieber befallen worden. Thracesius, ein anderer Chronist, will wissen, daß der Kaiser in Mazedonien einen Keiler verfolgte, der sich vor ihm wie ein Gespenst ins Meer stürzte; der Kaiser habe sich in diesem Augenblick von einem hellen Glanz gleich wie von einem Blitz getroffen gefühlt, mit dem Mund geschäumt und sei alsdann vom Pferd gestürzt.

Über den tödlichen Jagdunfall eines weiteren Herrschers aus dem berühmten Geschlecht der Comneni berichtet der vielseitige Gelehrte Johannes Cuspinianus. Nach seiner Schilderung begab sich Kaiser Johannes Comnenus während eines Feldzuges auf die Jagd. Als er einen angreifenden Keiler auf die Saufeder auflaufen läßt, kommt er selbst zu Fall und fügt sich an einem der in seinem Köcher befindlichen Giftpfeile eine geringfügige Verletzung an der Hand zu. An den Folgen des Giftes starb er dann auch kurz darauf (1142 n. Chr.).

Wilhelm Graf und Fürst zu Hennenberg (seine Lebensdaten sind leider nicht mehr genau festzustellen) wurde ebenfalls durch einen Keiler verletzt und starb an den Folgen dieser Verwundung.

Eine der farbigsten Schilderungen über den unglücklichen Ausgang einer Begegnung mit Schwarzwild verdanken wir dem Kurfürstlich Sächsischen Rat Heinrich Anshelm von Ziegler und Kliphausen. Wir finden diese Schilderung unter dem Datum „27 Novembe Anno 1664“ in der dritten Auflage des 1728 bei Johann Friedrich Gleditschens sel. Sohn in Leipzig erschienenen Werkes „Täglicher SchauPlatz der Zeit“. Das Mittelalter führte eine bilderreiche und drastische Sprache, die, mitunter hart und ungeschliffen, dennoch ungemein reizvoll ist. Wenn auch Zieglers Sprache dem Leser bereits vertrauter erscheint, ist sie doch noch von der bunten und derben Anschaulichkeit des späten Mittelalters geprägt:

1664 kam Graf von Severin, Statthalter von Dalmatien, Kroatien und Slavonien zur Zeit des Türkenkrieges, auf einer Saujagd ums Leben. „Ehe er nach Wien, wohin in die Kayserl. Majestät zu sich erfordert hatte, aufbrach, wollte er sich am Tage vorhero, war der 27. November

1664, mit etlichen croatischen Edelleuten auf einer Jagd divertieren. Als sie nun selbigen Tages zusammen MittagsTaffel hielten, brachten die Jäger Nachricht: wie das viel SchwarzWild eingegangen, unter denen auch ein großer wilder Hauer wäre. Die JagdBegierde, oder vielmehr sein unglückliches Verhängnis, trieb sofort unseren Grafen von der Taffel, und kaum hatte er die Bestie erblicket, so gab er ihr einen Schuß, mit welchem sie doch durchgieng, und im Lauffe einem Bauern mit den ungeheuren Waffen einen solchen Hieb in den Leib versetzte, daß ihm das Gedärme auf die Erde fiel. Ingleichen rennete die ergrimmte Bestie einen Dragoner übern Hauffen, und blessierte über dieses noch einen Jäger an beyden Schenkeln: welches alles den Grafen um so viel mehr anspornte, möglichst Rache von diesem unvernünftigen Tyrannen zu nehmen, und selbigen nur in Begleitung eines einzigen Pagen so lange zu verfolgen, bis er das angeschossene Tier in einem morastigen Gepüsch liegen sahe.

Hier meinte nun der gute Herr, das Schwein wäre von dem empfangenen Schuße gefallen, dannenhero er abstieg, demselben den letzten Fang zu geben. Aber, ach! Was geschicht? Die lauschende Bestie fuhr aus ihrem Lager wie ein Blitz, rennete den Grafen, der sich dessen am wenigsten versehen, übern Hauffen, und schlug denselben eine tödliche Wunde nach der andern. Sie riess ihm den Leib auff, daß das Gedärme hervordrang, zerbiess ihm den Hals, und zausete ihm fast alle Haare aus, darüber das Haupt eine solche Verletzung empfieng darein man drey Finge legen kunte. Sein Page hätte diesem wilden Mörder gerne ein Pistol auf die Borsten gebrennt, das treulose Pistol aber versagte ihm, darum grief er nach dem Degen, und wollte dem Hauer eins versetzen, der aber unterdessen darvon lieff. Hierauff blieb nun dem beängstigten Pagen kein Mittel übrig, als eine klägliche Stimme, die zurückgebliebenen herbey zu ruffen ... Der Graf war nicht älter als 45 Jahre, und der zerfetzte Körper ruhet zu Tschakathurn. Der Bericht schließt mit der eindrucksvollen Moritat: „Hier ruht Croatiens sein allerkühnster Held, / Vor dem der Muselmann, wie er vorm Schweine fällt. / Sein Ruhm erfüllt die Welt. Streu, Leser, eh du weichest, / Cypressen auff die Grufft; wer weiß, wie du erbleichest."

Immer noch zieht das Schwarzwild seine Fährte durch unsere Wälder. Gewiß, die Begegnung mit ihm bietet heute für den mit modernen Waffen ausgerüsteten Jäger ungleich geringere Gefahren als früher. Dennoch wird auch heute noch der ganze Mann gefordert, wenn es gilt, dem angeschweißten Keiler in die Unsicht enger, düsterer Dickungen zu folgen und ihm den Fangschuß oder gar das Waidblatt anzutragen. Dann schlägt heute noch wie damals das Herz im Hals, der Atem geht enger durch die Kehle, und die Freude an der Bewährung macht immer noch die Augen blank.

Freude und Genugtuung vermögen uns jedoch nur starke Gegner zu vermitteln. Wenn wir uns als Mann und Jäger bewähren, wenn wir wahrhaft ritterliche Freuden genießen wollen, müssen wir endlich unser Schwarzwild wieder alt und stark werden lassen. Von dem heute fast nur noch in Frischlings- und Überläuferstärke vorhandenen Schwarzwild als wehrhaftem Wild zu sprechen, erscheint leider oft als Hohn auf das von uns so gerne postulierte ritterliche Waidwerk. Goede Gendrich

WILD UND HUND Nr. 21/1969